四特 教育系列丛书 SITEJIAOYUXILIECONGSHU

U0721738

组织体验科技生活

《"四特"教育系列丛书》编委会 编著

吉林出版集团股份有限公司
全国百佳图书出版单位

图书在版编目（CIP）数据

组织体验科技生活／《"四特"教育系列丛书》编委会编著．—长春：吉林出版集团股份有限公司，2012.4
（"四特"教育系列丛书／庄文中等主编．爱学习，爱科学）

ISBN 978-7-5463-8676-8

I.①组… II.①四… III.①科学知识－科学研究－中小学 IV.① G633.72

中国版本图书馆 CIP 数据核字（2012）第 044040 号

组织体验科技生活
ZUZHI TIYAN KEJI SHENGHUO

出 版 人	吴　强
责任编辑	朱子玉　杨　帆
开　　本	690mm×960mm　1/16
字　　数	250 千字
印　　张	13
版　　次	2012 年 4 月第 1 版
印　　次	2023 年 2 月第 3 次印刷

出　　版	吉林出版集团股份有限公司
发　　行	吉林音像出版社有限责任公司
地　　址	长春市南关区福祉大路 5788 号
电　　话	0431-81629667
印　　刷	三河市燕春印务有限公司

ISBN 978-7-5463-8676-8　　　　　定价：39.80 元

前　言

　　学校教育是个人一生中所受教育最重要组成部分,个人在学校里接受计划性的指导,系统地学习文化知识、社会规范、道德准则和价值观念。学校教育从某种意义上讲,决定着个人社会化的水平和性质,是个体社会化的重要基地。知识经济时代要求社会尊师重教,学校教育越来越受重视,在社会中起到举足轻重的作用。

　　"四特教育系列丛书"以"特定对象、特别对待、特殊方法、特例分析"为宗旨,立足学校教育与管理,理论结合实践,集多位教育界专家、学者以及一线校长、老师们的教育成果与经验于一体,围绕困扰学校、领导、教师、学生的教育难题,集思广益,多方借鉴,力求全面彻底解决。

　　本辑为"四特教育系列丛书"之《爱学习,爱科学》。

　　古今中外,许多成功人士都重视和强调学习方法的重要性。伟大的生物学家达尔文就曾说过:"一切知识中最有价值的是关于方法的知识。"著名的大科学家爱因斯坦的成功方程式则是"成功=艰苦的劳动+正确的方法+少说空话"。这也是爱因斯坦对其一生治学和科学探索的总结。我们不难看出正确的方法在成功诸因素中具有多么重要的位置。联合国教科文组织教育发展委员会在《学会生存》一书中指出:"未来的文盲不再是不识字的人,而是没有学会怎样学习的人。"也就是说,未来的文盲不是"知识盲",而是"方法盲"。所以,在教学中对学生进行正确学习方法教育极具重要性。本书包括提高智力的方法以及各种学习方法和各科学习方法等内容,具有很强的系统性、实用性、实践性和指导性。但要说明的是:"学习有法,但无定法,贵在得法"。教师在教学中要注意因材施教,注意学生的个体差异,进而施以不同的方法教育,这样才能让学生掌握最适合自己的学习方法和学习的金钥匙,从而终身享用。

　　科学是人类进步的第一推动力,而科学知识的普及则是实现这一推动的必由之路。在新的时代,社会的进步、科技的发展、人们生活水平的不断提高,为我们青少年的科普教育提供了新的契机。抓住这个契机,大力普及科学知识,传播科学精神,提高青少年的科学素质,是我们全社会的重要课题。科学教育,是提高青少年素质的重要因素,是现代教育的核心,这不仅能使青少年获得生活和未来所需的知识与技能,更重要的是能使青少年获得科学思想、科学精神、科学态度及科学方法的熏陶和培养。

　　本辑共20分册,具体内容如下:

　　1.《智能提高有办法》

　　智能提高可能性,与遗传基因和后天因素息息相关。遗传因素我们无法改变,能够改变的就是尽量利用后天因素。本书针对学生如何提高学习智能进行了系统而深入的分析和探讨,并给予了切实的指导,对中小学生颇有启发意义,具有很强的系统性、实用性、实践性和指导性。

　　2.《高效学习有办法》

　　高效学习法是一种富教于乐的教育方式和高效学习训练系统。它从阅读、记忆、速

·1·

算、书写这四个方面入手,提高孩子的"速商"让孩子读的快,学的快,算的快,记的快,迅速提高学习成绩。本书针对学生如何提高学习效率进行了系统而深入的分析和探讨,并给予了切实的指导,对中小学生颇有启发意义,具有很强的系统性、实用性、实践性和指导性。

3.《提高记忆有办法》

人的大脑机能几乎都以记忆力为基础,只有记忆力好,学习、想象、创意、审美等能力才能顺利发展。那么如何才能记得更多、记得更牢、更有效地提高记忆力呢? 本书帮助你找到提高记忆力的秘密,将记忆能力提升到顶点。本书针对学生如何提高记忆力进行了系统而深入的分析和探讨,并给予了切实的指导,对中小学生颇有启发意义,具有很强的系统性、实用性、实践性和指导性。

4.《阅读训练有办法》

本书以语境语感训练为主要教学法,以日常生活中必读的各种文体、范文讲解及阅读材料的补充为内容,从快速阅读入手,帮助学习者提高汉语阅读水平。学生在学习的过程,根据实际情况选用适应的学习方法,定能收到事半功倍的效果。

5.《轻松作文有办法》

写作是汉语的重要组成部分,在汉语中有举足轻重的地位。人们抒发感情需要写作,总结经验教训需要写作,记叙事件需要写作……总之,无论学习、工作、生活都离不开写作。本书针对学生如何提高写作能力进行了系统而深入的分析和探讨,并给予了切实的指导,对中小学生颇有启发意义,具有很强的系统性、实用性、实践性和指导性。

6.《课堂学习有办法》

课堂听课是学生在校学习的基本形式,学生在校学习的大部分时间是在听课中度过的。听课之所以重要,是因为大部分知识都得通过听老师的讲课来获取。要想学习好,首先必须学会听课。本书针对学生如何提高课堂学习能力进行了系统而深入的分析和探讨,并给予了切实的指导,对中小学生颇有启发意义,具有很强的系统性、实用性、实践性和指导性。

7.《自主学习有办法》

自主学习是与传统的接受学习相对应的一种现代化学习方式。以学生作为学习的主体,通过学生独立的分析、探索、实践、质疑、创造等方法来实现学习目标。本书针对学生如何提高自主学习能力进行了系统而深入的分析和探讨,并给予了切实的指导,对中小学生颇有启发意义,具有很强的系统性、实用性、实践性和指导性。

8.《应对考试有办法》

考试主要有两种目的:一是检测考试者对某方面知识或技能的掌握程度;二是检验考试者是否已经具备获得某种资格的基本能力。如何有效的准备考试,可分成考试前、考试中、考试后三个部分做说明。本书针对学生如何应对考试进行了系统而深入的分析和探讨,并给予了切实的指导,对中小学生颇有启发意义,具有很强的系统性、实用性、实践性和指导性。

9.《文科学习有办法》

综合文科的学习旨在帮助学生学会学习,学会分析研究人与自然、人与社会、人与自身关系中的现实问题,学会探讨解决问题的方法等,帮助学生树立终身学习的观念。在这个过程中不断培养学生的实践能力、创新意识和创造力。本书针对学生如何提高文科学习能力进行了系统而深入的分析和探讨,并给予了切实的指导,对中小学生颇有启发意义,具有很强的系统性、实用性、实践性和指导性。

10.《理科学习有办法》

理科学习要形成良好的学习习惯和有效的学习方法。总的来说,科学的学习方法可用如下此歌谣来概括:课前要预习,听课易入脑。温故才知新,歧义见分晓。自学新内容,要把重点找。问题列出来,听课有目标。听课要专心,努力排干扰。抠要做笔记,动脑多思考。课后须复习,回忆第一条。看书要深思,消化细咀嚼。本书针对学生如何提高理科学习能力进行了系统而深入的分析和探讨,并给予了切实的指导,对中小学生颇有启发意义,具有很强的系统性、实用性、实践性和指导性。

11.《组织阅读科学故事》

在我们生活的各个角落,疑问几乎无处不在,而这些疑问往往能激发孩子们珍贵的求知欲,它能引领孩子们正确的认识和了解世界,并进一步地探知世界的奥秘,是早期教育最为关键的环节。为了让孩子们更好的把握时代的脉搏,做知识的文人,我们特此编写了这本书,该书真正迎合了青少年的心理,内容涵盖广泛,情节生动鲜活,无形中破解孩子们心中的疑团,并且本书生动有趣,是青少年最佳的课外读物。

12.《培养科学幻想思维》

幻想思维是指与某种愿望相结合并且指向未来的一种想象,由于幻想在人们的创造活动中起着重要作用,在发明创造活动中应鼓励人们对事物进行各种各样的幻想.幻想思维可以使人们的思想开阔、思维奔放,因此它在创造中的作用是显而易见的。本书针对学校如何培养学生的幻想思维进行了系统而深入的分析和探讨,并给予了切实的指导,对中小学生颇有启发意义,具有很强的系统性、实用性、实践性和指导性。

13.《培养科学兴趣爱好》

怎样让学生对科学产生兴趣? 这是很多老师都想得到的答案。想学好科学,兴趣很关键。其实,生活中的许多小细节都蕴涵着丰富的科学知识,大家完全可以因地制宜,为学生创造个良好的环境,尽量给学生提供不同的机会接触各种活动。本书针对学校如何培养学生的科学兴趣爱好进行了系统而深入的分析和探讨,并给予了切实的指导,对中小学生颇有启发意义,具有很强的系统性、实用性、实践性和指导性。

14.《培养学习发明创造》

发明创造是科学技术繁荣昌盛的标志和民族进取精神的体现。有学者预言,二十一世纪将是一个创造的世纪,而迎接这个创造世纪的主人,正是我们那些在校学习的孩子们。因此对青少年进行发明创造教育,就显得极其重要了。心理学家研究表明,青少年的好奇心正是他们探索世界,改造世界,产生创造欲望的心理基础。通过开展青少年发明创造活动,鼓励青少年去发现新问题,提出新设想,实现新目标,这是培养他们的创新精神,提高他们的创造力的最好途径。

15.《培养科学发现能力》

阿基米德在洗澡时发现了阿基米德定律,牛顿看到苹果落地,最终得出了牛顿第一运动定律。在科学史上,这样的事例还有很多,它证明科学并不神秘,真理并不遥远,只要我们能见微知著,善于发问,并不断探索,那么,当你解答了若干个问题之后,就能发现真理。本书针对学校如何培养学生的科学发现能力进行了系统而深入的分析和探讨,并给予了切实的指导,对中小学生颇有启发意义,具有很强的系统性、实用性、实践性和指导性。

16.《组织实验制作发明》

科学并不神秘，更没有什么决定科学力量的"魔法石"，科学的本质在于好奇心和造福人类的理想驱使下的探索和创新。自然喜欢保守她的奥秘，往往不直接回应我们的追问，但只要善于思考、勤于动手、大胆假设、小心求证，每个人都能像科学大师一样——用永无止境的探索创新来开创人类的文明。本书针对学校如何组织学生实验制作发明进行了系统而深入的分析和探讨，并给予了切实的指导，对中小学生颇有启发意义，具有很强的系统性、实用性、实践性和指导性。

17.《组织参观科普场馆》

本书集中介绍了全国多家专题性科普场馆。这些场馆涉及天文、地质、地震、农业、生物、造船、汽车、交通、邮政、电信、风电、环保、公安、银行、纺织服饰、中医药等多个行业和学科领域。本书再现了科普场馆的精彩场景；科普场馆的基本概况、精彩展项、地理位置、开放时间、联系方式等多板块、多角度信息，全面展示了科普场馆的风采，吸引读者走进科普场馆一探究竟。本书是一本科普读物，更是一本参观游览的实用指南。通过本书的介绍能让更多的观众走进科普场馆。

18.《组织探索科学奥秘》

作为智慧生物的人类自诞生之日起就开始了漫长的探索进程，人类的发展史就是一部探索科学、利用科学史。镭的发现，为人类探索原子世界的奥秘打开了大门。万有引力的发现，使人们对天体的运动不再感到神秘。进化论的提出，让人类知道了自身的来历……探索让人类了解生命的起源秘密，探索让人类掌握战胜自然的能力，探索让人类不断进步，探索让人类完善自己。尽管宇宙无垠、奥秘无穷，但作为地球的主宰者，却从未停下探索的步伐。因为人类明白：科学无终点，探索无穷期。

19.《组织体验科技生活》

科技总是不断在进步着，并且改变着我们的生活，让我们的生活变得更加多彩。学校科学技术普及的目的是使广大青年学生了解科学技术的发展，掌握必要的知识、技能，培养他们对科学技术的兴趣和爱好，增强他们的创新精神和实践能力，引导他们树立科学思想、科学态度，帮助他们逐步形成科学的世界观和方法论。本书针对学校如何组织学生体验科技生活进行了系统而深入的分析和探讨，并给予了切实的指导，对中小学生颇有启发意义，具有很强的系统性、实用性、实践性和指导性。

20.《组织科技教学创新》

现在大家提倡素质教育，科学素质是素质教育的重要组成部分，学生科学素质培养的核心是培养学生的创新精神和创新能力，创新能力的培养、开发应从幼儿开始，在长期的教学、训练过程中逐步形成和发展。小学科技教学，在培养学生创新精神和创新能力中，起着举足轻重的作用。帮助学生树立新的观念，主动地、富有兴趣地学习新的科学知识，去观察、探索、实验现实生活乃至自然界的问题，在课内外展开研究性的教学活动等，是行之有效的。但是，科技活动辅导任重而道远，这就要求科技课教师不断探索辅导方法，不断提高辅导水平，为全面推进素质教育，实施科教兴国战略奠定坚实的人才和知识基础。

由于时间、经验的关系，本书在编写等方面，必定存在不足和错误之处，衷心希望各界读者、一线教师及教育界人士批评指正。

编者

目　录

第一章

学生体验科技生活的指导

1. 学校组织学生科技活动的原则

学校组织学生参加科技体验活动，是学校教育的延伸和改革，是培养国家新型建设人才的迫切需要，各级学校若想搞好这项教学，就应该加大学校教育的科技含量，大力开展科技教育活动，使学校的科技教育做到有计划、有步骤和经常化、系统化；另外，这项活动，还要有一定的广度和深度，循序渐进，由浅入深。

学校的科技教育活动和经济发展紧密结合

从培养少年儿童的科技意识、科技兴趣、热爱科学的品质入手，采用多种形式引导学员接受现代科学技术。例如：组织学员参观现代化工厂，举办科技讲座，参观科技展览，了解科技发展动态等。农村的少先队员可组织开展科学种田，增产增收考察，养殖科研成果展览等活动。让学员充分认识科学技术在社会上的地位和作用，努力使自己成为懂科学、有技术、会创造的新型人才。

学校的科技教育活动培养学生的创造精神

科技教育活动要和解决生活、生产实践中的具体问题结合起来，培养学生的创造精神。如组织学生开展修旧利废、小改装、小发明活动，或开展养殖技术新法。提高效率小改革、治病一绝等活动，引导学员从生活实践中发现科研项目，培养创造精神。

学校的科技教育活动要用科研成果促进发展

在学校的科技活动中，要把科学研究的方法教育作为重要内容，组织学员学习、掌握科学研究的基本方法，指导学员去发现和研究新的科研题目，同时要注意总结和发现学员的研究成果，建立奖励机制，用科研成果去促进科技活动的深入开展。

学校的科技教育活动要注重高新技术的应用

学校的科技教育，要注重高新技术的学习应用教育。要通过操作电子计算机活动，培养学员应用高新技术进行科学研究的能力。

学校的科技教育活动应把创新作为主要内容

学校的科技教育，要把培养学员的独创精神和协作精神，作为学校科技教育的重要内容。通过组织各种专题攻关小组，开展科技活动，使学校的科技活动呈现出勃勃生机。

2. 学校组织学生科技活动的意义

长期以来，我国中小学教育在理科教学中，虽强调基本知识的掌握，但存在着重理论、轻技能、重分数、轻应用的现象。这种局面如果没有一个大的改观，就不能很好地培养学生的科技意识，我国教育就无法适应新技术革命的挑战。为此，必须在中小学科技教育中让现代中小学生了解到科学技术在当代社会中的巨大功能，彻底改变种种错误的价值观念，正确估价现代科技作为第一生产力在改善人们的物质和精神生活方面的作用；了解当代先进科技的现状和发展趋势，从而增强学生的科技素质。

强化科技素质教育

要改变这种状况，首先要强化科技素质教育的观念。不能把科技素质教育仅仅看成是理科教学的事，而应从学校教育的方方面面来强化。尤其目前各学科互相渗透，联系越来越广泛，边缘学科不断出现，仅从教学这个角度看，科技素质教育也应是各学科教学共同的任务。

其次，要把科技素质教育同过去的"学好数理化，走遍天下都不怕"的论调区分开来。让学生学好数理化知识是必要的，但只学好数

理化知识并不等于就有了较高的科技素质。

还需注意的是，学生科技素质的提高能够促进其他素质的提高，而科技素质的提高也需要其他素质的提高来支持。因此，科技素质教育必须与其他内容的素质教育融合在一起全面实施，才能取得预期的效果。

体现教育的科技性

培养社会生产和生活适应能力强、综合能力高的建设者和接班人，应从大课程论的角度出发，建立适应科技革命挑战的新课程体系。把通俗的高科技知识、方法引入各科教学之中；或者在中小学开设科技课，根据不同年级有计划地进行科技教育，使学生了解现代生产的一般工艺，掌握现代生产科学技术的基础知识、基本技能及生活方面所必需的基本科技，以体现中小学教育的科技性。例如，小学阶段可以开设科技启蒙课，从小学生的心理、生理的发展角度出发，使之树立劳动产生乐趣、生活创造美感、科技带来文明、生产创造财富等观念。在课程内容上将科技与家庭、社会和世界等方面的知识介绍给学生，让他们从小养成科技志趣，启发他们追求科技的热情。中学阶段既要从他们的兴趣出发，又要考虑教学内容的通用性和迁移性，以使他们在知识、技能、观念等方面都能达到作为一个现代公民所需要的标准。这一阶段尽可能让学生了解现代工农业生产资料，各种通用机械和常用工具的使用，介绍科技与人类的关系，讲授电子计算机原理、环境问题、能源问题等。除开设必修课外，积极开设各种选修课或专题讲座，吸取科学与技术的最新成就，从现代科学、技术的前景出发，提高学习的起点，制定不同年级和阶段的培养目标，区分层次与重点，使科技教育课程在纵的方面形成由浅入深的系统知识结构。

课堂教学是实施科技教育的主战场。实施科技教育必须改变应试教育的传统做法，从教学内容、教学方法、教学手段等方面，对课堂

教学实行全方位的教学改革。

从教材内容看，在编排时就应注意渗透现代科技的基础知识，引入现代科技思想方法，增加教材内容的科技信息含量，使教学内容具有一定的先进性，以适应社会发展的要求。在教学时，应充分发掘教材的科技内涵，利用教学内容中的科技素材，将科技知识、科学思想、科学方法的教育融于教学过程之中。根据科学教育认知过程的特点，还要认真地确定好认知目标和认知策略。

从教学方法看，要坚持启发式教学，创设问题情景，激发学生的积极思维，引导他们自己发现和掌握有关规律。教师要善于提出问题，引导学生思考。所提出的问题，不论是实际问题还是理论问题，都应紧密结合教学内容，并编拟成科学的探究程序，使学生能形成一条清晰的思路。为发掘学生的创造力，应鼓励学生大胆猜想，敢于质疑，自觉地进行求异思维训练。另外，要特别重视学法指导，使学生学会自我学习、自我发展。

从教学手段看，要重视观察和实验教学，努力提高学生的观察能力、实验能力和动手操作能力，培养他们严肃认真、实事求是的科学态度和科学习惯；还要尽量地使用先进的教学手段，增加教学的现代气息，使他们感受到现代科技成果对教学的促进作用。

近几年来，我国有些学校进行了初步的改革实验，加强教学内容与社会生活的联系，提高教学的社会针对性，用最新的科学技术知识和社会生活充实教学内容。其基本作法：一是开设选修课、专题讲座和报告会，如"人口与环境"、"能源及其应用"、"天然资源的利用"、"电脑应用和发展"、"宇航及人造卫星"、"噪音污染及防止"、"地震的发生和预测"、"农药与虫害的控制"、"科技发展史"以及"科学的社会学"等。二是开设科技活动课。开展科技小组活动和家庭小实验、农业科技活动，要与当地农业生产中的科学实验结合起来，

为农村经济服务。三是开展对当地工业、环境保护及污染、农药和化肥的使用及保管、卫生、健康、能源、资源的保护及回收利用等情况的社会调查和研究。四是参观厂矿、科研单位以及科技展览。五是阅读科普读物和收集有关科技资料等。

有利于激发学生创造发明兴趣

课外科技活动应是一些具有探究性、研究性和创造性的活动，其选择的标准为：有利于激发学生对科技事业和创造发明的兴趣，有利于学生了解现代科技知识，有利于学生思维能力的提高，有利于学生观察和实验能力的提高，有利于学生动手操作能力的提高。在安排活动时，要做到科学化，即活动的内容、方法、策略、手段及活动过程都要科学，要符合学生的认知规律和思维发展规律；系统化，即根据不同学习阶段的学生的特点，制定全面、系统的计划，使学生在整个学习阶段都能得到系统的、和谐的发展。在活动过程中，要把主动权放给学生，教师主要是做好辅导。为了促进课外活动的开展，学校可定期举办科技节、科技发明展览会、科技信息发布会、科学报告会、科普阅读活动、科技知识竞赛等。

组织社会实践活动，如参观高新技术开发区、高新技术企业、科研单位，进行科技事业发展情况的调查访问等，也是很有意义的。

创造良好的环境，提高教育效果

良好的学习和生活环境，能对学生产生十分积极的影响。在实施科技教育的过程中，要充分利用环境对学生的感染作用。为此，有条件的学校可在校园里、教室里、实验室里悬挂科学家的头像，张贴科学家的名言和有关的标语口号，办科技板报、墙报，建立科学长廊、科技信息台、气象台、植物园、动物园、科技角、家用电器、微电脑实验基地等，以便从学校的条件和所处的环境优势实际出发，因地制宜地进行一些具有当地特点的科技教育，并在科技教育活动中让学生

亲自参加科技环境的建设。这样就会使校园处处充满浓重的科技气息，学生在校园里犹如生活在科技的海洋中，从而实现外在环境与科技教育内容的统一，达到提高学生科技素质的目的。

3. 学校组织开展科技活动的方法

新形势下教学面临的新问题

学校工作的重点是教学工作，教学的主要形式是课堂教学。相当长的时期，教师总是根据教学大纲统编教材，利用课堂教学基本形式，向学生传授必要的基础知识和基本技能，达到国家教委制定的统一要求（基本要求和较高要求）。然而，在新形势下教学工作面临着一些新的问题：

（1）现代科学技术飞跃发展，知识不断更新，而科技新信息、新成就又不能及时反映到教材中去，因此要求教师加强学习和搜集工作，及时向学生提供新的信息，以弥补教材和课堂教学的不足。

（2）面临"教育要面向世界，面向未来"的高要求，学校不仅要为国家提供继承型人才，而且要培养出创造型人才。

（3）一些学有余力、对某一学科产生浓厚兴趣的学生，怎样爱护和发挥他们的聪明才智，使兴趣转化为志向的问题。

（4）如何丰富学生的课外活动，使学生生动、活泼，主动地学习。如何解决好以上问题，经过几年的探索，有识之士提出改革第一课堂，开辟第二课堂。第一课堂紧紧抓住基础知识的教学，改革教学方法，加强能力培养；第二课堂就是开辟各种学科的课外活动。

搞好课外科技活动的主要因素

搞好课外科技活动，是与下列因素分不开的：

（1）是与学校领导的决心分不开。

学校领导要十分明确开展课外活动的重要意义，加强对活动的领导。校领导有一人抓课外活动，并抽调一名教师负责全校的组织管理工作。学校定期召开活动开展情况交流会和一年一度的评比表彰会，以促进课外活动的开展。

（2）是与教师辛勤劳动分不开。

活动过程中，遇到的实际困难，要做许多工作。如资料的搜集、整理，实验器材缺乏，活动资金不足，联系参观访问，请校外同志来校作报告等，都得靠教师亲自设法解决。

（3）是与学生积极努力分不开。

"兴趣是最好的老师"。他们对科技有很大兴趣，并能把个人的学习和祖国的四化大业结合起来，争取在各种竞赛活动中取得优胜，为学校争得荣誉。有的同学还以主人翁的态度为课外活动提建议，出主意。

（4）是与社会和家长支持分不开。

由于备课组人力有限，要开展好课外活动，就要争取外援。一些家长和老校友也要关心这项活动，为这项有意义的活动开展得更加生气和富有成效而作出自己的努力。

开展课外活动教学的方法

开展课外活动是教学工作不可缺少的组成部分，是启发学生学习兴趣，丰富学生生活，发展智力，培养能力的好形式。大家把搞好这项工作从当做一种负担变成一种自觉的行动。认识有了提高，思想就开窍，就能开动脑筋，想出一些办法来。怎样搞好科技课外活动呢？

（1）有明确的活动目的。

学校要举办科技知识讲座和科技竞赛，以扩大和加深学生科技知识的深度和广度，并提高学生思维能力及分析问题和解决问题的能力；

开设课外实验，以增长学生实验方面的知识和技能；安排一些参观访问、专家学者的报告，以丰富学生的课外活动，并促使学生从单纯的兴趣和爱好的基础上逐步确立自己一生为之奋斗的志向；培养人才，在各级科技竞赛中争取优胜。通过开展课外活动，还可以逐步发现和培养一批科技尖子学生，向国家输送一批立志从事科技专业的人才。

根据上述活动目的，确定了吸收成员的基本条件，一是学有余力，二是爱好科技。采取由学生自愿报名，班主任和任课教师提出意见，年级平衡的方式，组成一支约45人左右的活动队伍。

（2）有切实可行的活动计划。

活动目的明确之后，必须制定一个切实可行的活动计划。有了计划，才能避免活动的盲目性，不致出现吃一节剥一节的状况。学校在制定计划时要注意以下几点：一是，考虑到学生年龄特征和知识基础，注意整体安排和阶段特点的关系；二是，在内容上既要注意与课内所学知识同步，也要注意到扩大科技知识的深度和广度；三是，在活动形式上要注意多样性、趣味性和可接受性。

课外活动时间制度化。每周星期三下午一、二节课为全校各学科开展活动时间。活动时间制度化对开展课外活动起到了保证和促进作用。

（3）发挥有利因素，开展多形式多渠道的课外活动。

各年级开设了与教材同步的，而又扩大和加深科技知识深度广度的讲座。例如在学习《静力学》一章时，介绍了"一般物体的平衡"问题，在学习《运动学》一章时，介绍了"相对运动"的问题，在学完《动力学》一章时，介绍了"惯性系和非惯性系"问题。这就补充了课堂教学，使学有余力，爱好科技的学生对所学的科技知识有较全面而深入的认识，以激发他们在一个较高层次上去探索科技问题。

观察和实验是研究科技的最基本最重要的方法，围绕提高他们的

实验素养和能力，专门介绍了《近似数的计算》，《科技学的研究方法》等问题，开设了大纲要求以外的一些实验，并向部分学生开放实验室。

学校要利用与大学或科研单位毗邻的有利条件，争取他们对小组活动的支持，如举办现代科普知识系列讲座，组织学生参观科技实验室，甚至参观具有现代化科技水平的中心实验室，让学生大开眼界。

学校要组织学生参观科研单位的科技研究所，激光实验室，光谱分析室等，请科研工作者介绍他们的研究方法和科研成果，并作现场表演，使学生们不仅了解祖国的科技发展情况，而且从他们献身科学事业的精神和严谨的工作作风中受到教益。

邀请有关专家和学者作题为《科技学发展史》、《信息论、控制论和方法论》和《近代科技学发展概况》的专题报告。学生不仅要从报告的内容中受到教益，而且要学习报告人所具有的广博知识，敏锐的洞察力和分析力，准确而生动的语言表达所表现出来的文学素养。

为了检查学生参加活动的实际效果，除定期举行一年一度的各年级科技竞赛外，还举办一年一度的自己设计和制作的科技作品和小论文的评比活动。要求小组每个成员写出 1~2 篇小论文或交一个科技作品参加评比，在组内交流的基础上，评出优秀作品和文章，推荐到市里参加评选。

4. 构建学校科技活动课程体系的尝试

科学素质是人的素质的一部分。学校应努力探索提高学生科技文化素质的有效途径，促进学生的全面发展，组织学生体验科技生活就是学校提高学生整体素质的方法之一。

科技活动课程的建设

把科技活动列入课程，是调整课程结构的切实措施。科技活动课程是以学生对科技活动的兴趣和动机为中心组织的课程，实施该课程计划，意在帮助、指导学生设法加强对科技活动的兴趣、爱好，并在活动中得到巩固，逐步培养学生的操作能力、创造精神和发展个性特长，使学生养成勤勉多思、追求真知的品格和习惯，从而促进学生素质的全面提高。为此，学校应抓以下几项建设：

（1）建立科技活动课程体系。

建立基地，落实课程，分层活动是构建科技活动课程体系的重要因素。学校科技活动课程包括建立科学基地，落实好两课一活动，分三个活动层次，并以校"科技节"为契机，进行全面推动。

①建立基地。学校结合教育实际，建立科技活动基地，为科技活动课程计划的落实提供保证。如建立科学活动综合基地，开设计算机、生物、航模、无线电、自然实验、电子游戏等活动项目，使其成为学生学习科技知识，进行实验制作，训练技能技巧的好场所。还可以建立种植、养殖基地。提高广大农民的科学文化素质服务，是乡镇小学教育改革的当务之急，也是乡镇小学教育得以生存和发展的必由之路。为此，学校在校附近建立蔬菜、粮棉基地和鸡、鸭、兔、羊养殖场，学习种植、养殖知识，培养未来劳动者的责任心和使命感。也可以建立科技系列考察基地，把化工、化肥、农药三大工厂及中外合资企业作为了解现代科技发展进程的考察基地、让学生在考察实践中学习科技知识，激发参与活动的积极性。

②分层次展开活动。学校可分三个层次展开活动，即校级、年级、班级三个层次。既抓普及又抓提高。校级活动以科学活动为中心，每周据两课一活动的课程统一安排，主要是培养骨干，培养特长学生，带动学校活动水平的提高。年级活动由年级组长具体负责，聘请辅导

教师组织活动，如种植、养殖实践活动和考察活动，一般以年级组为单位组织实施。除此之外，年级组还可以围绕科技活动的侧重点，每学期举行一两次单项竞赛，促进群众性活动水平的提高。班级科技活动具有全员性和普及性，一般可由班主任根据自己的特长和班级实际自行安排。

（2）加强科技活动课教师队伍的建设。

要上好科技活动课，关键在教师。培训一支具有高度事业心、思想端正，而且具有专业特长的教师队伍，对于开展好科技活动尤为重要。

①端正教育态度，充分认识科技活动课程的地位和作用。

学校要把开设科技活动课程与全面提高教育质量联系起来，组织教师重温教育方针。明确培养目标，并发动教师开展社会调查，了解社会对未来人才的要求。并对学生能力现状进行调查分析，把现况与需要摆在教师面前，从而增强教师参加科技活动课程研究的自觉性。

②采取多种形式，培训科技活动课骨干教师。

校教科室可定期组织骨干教师学习关于活动课程的理论，学习外地开展科技活动成功的经验，请专家作活动课程建设与辅导的讲座，为实际操作做理论准备。学校还可以组织有关教师去外地系统学习科技基础知识，学习开展好科技活动的方法。

③要求活动课辅导教师明确职责。

一是每学期初必须制定本活动组活动计划；二是每次活动必须按活动纲要和教材写好活动方案，备好教具、学具，并认真组织实施，活动结束后写出活动小结。三是要积极组织本组学生参加各级各类比赛。

（3）编写科技活动课的纲要和教材。

活动课程作为整个课程大系统中的一个分支，它不只是学科教学的

补充、延伸和拓宽，还具有相对独立性、稳定性和灵活性。活动课程和学科课程一样，必须有严格规定的科学知识范围，体现知识的逻辑结构和明确的训练标准，即要有大纲和教材，这样才能做到活动内容有序有度，教学有章可循，有本可依，使活动课程有目的、有计划、有系统地开展科技活动课程也是如此。学校应根据学生的知识智力状况及乡镇经济建设对人才要求，并按电脑、航模、生物等活动课程的特点分低、中、高三个阶段制定各活动课程应达到的基本知识、基本技能以及智力、能力等方面的要求。还应编写活动课辅导教材，配齐相应的手工制作材料，从而使科技课更加规范，活动水平也不断提高。

开展科技活动课的原则

（1）坚持渗透性原则。

学校应努力寻求学科课程和活动课程的结合点与联系点，做到在传授知识上相互迁移，在思想教育上相互渗透，在发展智能上相互促进，在培养学习习惯上相互配合。如在语文课教学有关鸟类的课文时，在科技课上让学生到生物室观察各类鸟类标本，认识各种不同形状鸟的名称及其特征，知道哪些是益鸟，哪些是害鸟。

（2）坚持实践性原则。

学校一方面可根据学生的心理、生理特点，采取示范、直观、竞赛等教学方法；另一方面学校应坚持让学生自己动手，实地操作，亲自实践，让他们在实践中学习知识，激发兴趣，培养动手操作能力。如在教学《电路的串联》时，教师、让学生动手把灯泡、导线、开关、电源相互串接，如果接线方式发生错误，就会发生短路或断路现象。通过实践操作，学生不仅能学会串联电路的本领，也可以认识电路联接的基本原理和开关的作用。

（3）坚持层次性原则。

学校在活动中还应该坚持分层施教，分类指导的原则，根据学生

的年龄差异，在活动时对各类学生提出不同要求，采取不同教法，做到人人有长进，个个有提高。

（4）坚持创造性原则。

科技活动是手段，激发学生的创造意识是宗旨。活动中，学校应注意捕捉学生创造的火花，及时加以引导，培养学生创造精神。

（5）坚持趣味性原则。

活动课程的基本出发点是学生的兴趣和动机，如果活动课程脱离了学生的需要和兴趣，活动课程就失去了存在的意义。学校在活动中不仅注意选择新奇的教学内容，采用多样化的教学手段，因材施教，分层要求，而且还注意创造轻松、愉快的活动氛围，建立和谐的师生关系，充分调动学生的主动性和积极性。

科技活动课程的管理

为了提高科技活动的质量，学校应该把科技活动课程作为学校课程改革的有机组成部分，纳入学校教育的整体改革，并注重以下四个方面的管理。

（1）组织管理。

学校可建立由校长、教科室主任、科技辅导员组成的科技活动领导小组，进行统一领导，分层管理。校长应根据学校教育目标在学校工作计划中提出科技活动目标和要求；教科室主任和科辅导员制定具体计划，落实辅导教师，审查小组计划，指导活动的开展和负责考核评价；辅导员负责制定本组活动计划，实施活动内容，组织参加各级各类比赛。

（2）目标管理。

学校在制定《科技活动课程教学纲要》时，应力求教学目标清楚明了，并按低、中、高三个阶段提出具体明确的要求，为辅导员分组制定教学目标，安排活动内容提供了依据。

（3）考评管理考核。

评价是科技活动课程管理的重要内容。学校每学期应该坚持对科技活动进行"一考核"、"两评选"，即考核师生的活动过程及活动成果，评选优秀辅导员和科技活动积极分子。考核教师做到"三考察"：考察计划及实施情况；考察活动过程优化与否；考察活动课效果。学校对辅导学生在竞赛中取得成绩的教师给予相应精神鼓励和物质奖励，并把优秀辅导员与优秀教师同等看待，载入档案。考核学生时做到"三个结合"、"三个为主"：常识考查与能力考核相结合，以能力考核为主；平时检测与期末检测相结合，以平时检测为主；单项考评与综合评价相结合，以综合评价为主。对在竞赛中获奖的学生，学校均举行隆重的发奖仪式，并把是否是科技活动积极分子作为评选三好学生的重要条件之一。

5. 开展科技课外活动的具体步骤

科技课外活动是课堂教学的补充。例如物理课外活动就是物理教学的一个重要方面，它既是物理课堂教学的补充，也是课堂教学的延伸。学生获得系统的物理基础知识，主要来源于课堂教学，但大量的物理知识却来自课外的亲身实践。学生参加学科讨论，制作科技模型，观看实验表演，进行现场参观，阅读课外辅导文章，参加各种竞赛，不仅能帮助他们复习、记忆、理解、应用学过的物理知识，培养学生联系实际的能力，而且还能开阔眼界，丰富知识，吸引他们去探索新的现象，新的规律，这是课堂上得不到的，更不是做几道练习题所能代替的。所以，物理教师必须探索物理课外活动的最优结构，只有把课堂教学和课外活动有机地结合起来，才能培养学生对物理学习的兴趣，引导他们通过观察和动手实践去分析和解决物理问题。

物理课外活动结构的特征是以课堂教学的物理基础知识为核心，围绕帮助学生复习、记忆、理解、应用学过的物理知识和培养能力，拓宽知识而展开的各种活动。它一方面要满足学生心理发展的需求；另一方面又要根据学校和学生的实际，做到切实可行。

结合物理课堂教学开展的课外科技活动，是提高物理教学质量的良好手段，是培养科技人才幼苗的有效途径。物理教师除认真完成物理的课堂教学任务外，还要当好课外科技辅助员。

实践是认识的来源。从物质世界的普遍联系出发，建立物理课堂教学和课外科技活动的两种发展观，提高开展课外科技活动的自觉性。

从物理教学与科技活动的性质和任务看"两者"的关系

课堂教学是学校工作的中心环节，是课外科技活动的基础，课外科技活动是学校工作的组成部分，它们共同的任务是为国家培养科技、建设人才。而物理教学的基本任务是使学生掌握基础知识和基本技能，即"掌握知识，提高能力"。要提高物理教学质量，能力培养是关键，能力培养又正是课外科技活动的中心环节。因此，毫无疑问，课外科技活动是提高物理教学质量，帮助完成物理教学任务的一种手段。科技活动中的能力培养包括：观察、思维、操作、创造等，它较之物理教学中的能力培养（实验技能、思维、解决实际问题等）有更广、更高的要求，课外科技活动可起到消化、吸收、运用和升华课堂知识的作用。所以课外科技活动是课堂教学的补充、延伸，为着同一目的和任务，两者相辅相成。

从物理课堂教学与课外科技活动的特点看"两者"关系

物理课堂教学是师生在特定的环境——教室或实验室里进行的有目的、有规律地使学生掌握教材中的物理基础知识和基本技能的活动过程。而课外科技活动则无特定环境、教材，较之课堂教学有更大的

灵活性。

近年来，由于实验设备差，升学压力大等因素，教师很难摆脱旧传统教学方式，课堂教学严重存在重知识灌输，轻创造能力的培养；教师讲得多，学生动手少，尤其毕业班更是沉溺在"题海"中而不能自拔等，这种违背学生生理、心理特征的单调而枯燥的学习，使学生长期处于紧张疲劳的被动状态。如果把他们引导到科技活动中去，他们就会在活泼、愉快的气氛中，用已有的和课堂所学的知识为基础，根据自己的兴趣和爱好，在辅导员或能者的指导下，有选择无压力的自愿参加活动，由于活动形式和内容比课堂学习新颖多样，动手制作机会增多，每个人可从观察、思维、制作中发挥才干，表现其特长。这既合乎他们的生理、心理特征，又能使主观能动性发挥主导作用。由于活动的需要，学生就会主动去联系和理解课堂所学物理知识，做到了动手动脑，逐步养成逻辑识记的习惯。由于在"活动"中所形成的能力很难消失，而这能力的形成又是建立在课堂所学知识的基础上，所以课外科技活动既服务于教学，又高于教学。

怎样处理好物理教学与科技辅导的关系

教育是按照教育目标改变学生行为的过程。教师的任务是要使学生的心理活动积极起来，使之在这"过程"中掌握知识和技能，做到德、智、体、美、劳全面发展，成为国家的有用之才。物理教师必须通过课内、课外两个主要渠道去完成教书育人的任务。因此，物理教师还必须在第二课堂中当好科技辅导员，正确处理好物理课堂教学和课外科技活动辅导的关系。

学生的学习是基于行为发生了变化而形成的一种行为。学习的能源来自学生本身，而"能源"的核心乃是兴趣和好奇，这是行为发生变化的前提，由此才会产生求知欲。要使学生对物理产生好学、乐于学的行为变化，物理教师就得根据学生的实际，从教育的量力性、可接受性原则出发，无论在课堂教学和科技活动中，都要善于激发学生对物理学与科技活动的兴趣和好奇心。学生有了兴趣，教师再引导其变兴趣为乐趣，并逐步升华为志趣，使学生变好奇心为求知欲，有利于提高教学质量和人才培养。

6. 使学生在科技生活中健康成长

21世纪科学技术迅猛发展，"科学技术是第一生产力"已被越来越多的国家所认同。中国的基础教育扎扎实实，中国学生参加每届世界奥林匹克竞赛都能夺魁，然而能获得"诺贝尔奖"的中国人至今寥寥无几，究其原因，中国的学生动手能力差，缺少对科技的热爱及对它那种执着的追求。因此，在小学开发学生科技潜能、培养学生科学素养是不容忽视的。学校应倡导"让孩子们在科技教育中体验成长的快乐"的理念，让学生在体验中感悟，在体验中历练，在体验中成长，培养学生的创新精神和实践能力。

创设有特色的科技教育的校园环境

营造浓郁的校园科技氛围，有利于科学精神的熏陶和科学情趣的培养；把学校建成科技学园，能为学生经常性的观察、实践和创造活动提供设施和空间，实现玩中学、看中学、做中学。

校园作为科学教学的主阵地，必须要重视建设，这是孩子们学习和探究科学的主要场所。为此应专门建立科学实验室，让孩子们探究科学现象有一个专门的地方。科学活动室是学生科技实践的室内场所，让学生亲身体验，把所学的知识运用到实践中去，为孩子们开展科技活动做好充足的准备。此外，学校还应设立专用仪器室，供生化及物理实验室所用，把专用室场安排得细致些，有利于教学活动的正常开

展，其更主要就是让学生能在不同的教学场所获取各种知识和技能，对于培养学生的创新精神和实践能力是起到很大作用的。

进行科技教育，要从学生生活中看得见、摸得着、经历过，感受得到的科技成果与产品为教育内容，让学生主动参与、尝试、探索、发现，在主动探索中掌握学习方法。

开展生活化和趣味化的课堂教学

将科学课的知识变为生活化和趣味化的东西，学生才会更乐于探究和主动学习。在学习声音这个单元时，教师与学生一起在生活中寻找声音的踪迹，探究各种物体发出的声音原因，解开声音传播的奥秘，了解生活中噪音的源头和控制噪音的方法，动手制作一些小乐器。学习养蚕时，教师与学生一起想办法找来了蚕虫，使这个探究活动充满趣味、富有吸引力，同学们主动观测蚕的生活历程、了解蚕的生活习性、做好每个活动的记录。经过一段时间的探究活动，同学们知道了蚕的一生历程，初步掌握养蚕的方法，了解我国是丝绸之邦的原因。兴趣是最好的老师，孩子们只有这样才能在学习中体验快乐，在快乐中获取新知。

设计丰富多彩的体验活动课程

让学生走出课堂来到校园去体验科技是体验活动课程之一。探索太阳有关知识；了解水利发电的过程；感受声音的变化；测量风的速度；在不同季节观察果树发芽、开花、结果的生长过程；亲身体验播种、收获的快乐，让孩子们更加亲近大自然，感受科学就在身边。走出校园来到社会去体验科技是学校的体验活动课程又一个策略。学校组织学生来到社区，在工业园进行科学考察活动，了解那里的建设情况及发展前景。组织学生到青少宫、机场，在那里学校的"车模队"和"航模队"同学和科技人员互相研究，精心制作，体验成功的快乐。此外，学校还定期组织"科技手抄报"、"小发明、小论文"等等竞赛活动，丰富同学们的科技文化生活。

利用信息技术网络激发学生热情

利用学校完善的计算机、电视、广播网络，为学生学习科技信息提供良好的基础。孩子们从对键盘的认识到能上网查阅资料、制作flash动画和网站，这些都是科技给生活带来方便和好处，让孩子们去体验和感受，从而激发努力学习科学技术的热情。

古人说得好："授人以鱼，不如授人以渔。"学校更要授之渔场，那渔场便是给孩子们一片自由的创新天空，让他们在这片自由的天地里大胆体验，展现灵感，展现创意，并在发现中实现自己创造的价值。

第二章

学生现有科技生活的体验

1. 抽水马桶：冲去生活的烦忧

抽水马桶是谁发明的，连许多专家也说不清，但可以肯定是外国人发明的。20世纪六七十年代，抽水马桶开始在欧美盛行，后来传到日本、韩国、中国等亚洲国家。

我们不喜欢谈论厕所，所以产生了很多这方面的隐语，如1号、化妆、"伦敦"（轮蹲）等。但实际上我们非常在意它，不妨像美国有本畅销儿童读物叫做《人都要尿尿》一样直截了当地说出来。上海作家蔡翔在回忆20世纪50年代苏州河一带居民的日常生活时写道："晨光初现，粪车就会摇着铃铛走进小小的巷子，许多的男人和女人就会揉着睡眼，拎着马桶，依次走出家门，然后，就在一个公用的自来水龙头前排起长队。"所以，那时的苏州河永远稠得像黏汁，水面上永远漂浮着粪便。

人人都要上厕所，但用什么样的便具实在有天壤之别。20世纪初的包身女工们在规定的五分钟内"半裸体地起来开门，拎着裤子争夺马桶"；而在朱门深墙内院，主人上厕所，佣人则拿温热的毛巾毕恭毕敬地侍候着，主人厕完了还要说"满好"；现代人更是君子不用动手，就能使坐便器自动完成冲便、洗净、烘干的功能。马桶变迁的100年，是泪与笑的100年。

抽水马桶是谁发明的，连许多专家也说不清。一种说法是1596年英国贵族约翰·哈灵顿发明了第一个实用的马桶——一个有水箱和冲水阀门的木制座位，在此之前，不少人总是去最近的大树下和小河里就地解决。尽管哈灵顿发明了马桶，但由于排污系统不完善而没能得到广泛应用。1861年，英国一个管道工托马斯·克莱帕发明了一套先

进的节水冲洗系统，废物排放才开始进入现代化时期。

抽水马桶于20世纪六七十年代开始在欧美盛行，后来传到日本、韩国、中国等亚洲国家。但现在连北京稍像点样的收费厕所里都用上了它，坐着真比蹲着强。这种装置因为采用虹吸、螺盘虹吸等原理将溲溺抽走，而非人们想象中的用水冲，所以叫抽水马桶。如何又省水又吸力大，这里面的门道可多了。

虽然抽水马桶已经较为普及，但现在发展中国家还有29亿人用不上卫生间。

目前国内生产各类马桶的厂家已有上千个，被认定的产品逾300种，成为卫浴建材类的支柱。美标、TOTO、HCG、科勒等不少国外名牌也涌入了国内，上万元价格的抽水马桶也不足为奇。

现在国家将卫生间的面积标准和设施标准列入"2000年小康型城乡住宅规划设计导则"，以人为本成为核心的设计思想。而对老百姓来说，"卫生"和"洗手"都已不能准确表达这块生活空间所包含的全部内容，眼下，"双卫"（一户两个卫生间）又成为民用住宅的新潮。

2. X射线：让我们永远铭记伦琴

1901年，首届诺贝尔物理学奖得主，是一位大络腮胡子、目光深邃的绅士。他就是刚刚发现了X射线，声誉日隆的德国物理学家伦琴。伦琴因为发现了X射线而揭开了20世纪物理学革命的序幕，成为20世纪最伟大的物理学家之一。

X射线的发现是极为偶然的。1895年，伦琴正在实验室内致力于研究阴极射线所引起的荧光现象。当他正端详着高真空放电管时，意外地发现放在距离放电管两米远的涂有铂氰化钡的屏也发出荧光，而当放电管停止放电时，荧光随即消失了。

这一现象引起了伦琴的强烈兴趣：屏上的荧光，分明是由放电管引起的，但是，阴极射线只能穿透几厘米的空气啊，因此，可以断定，引起屏上荧光的肯定不是阴极射线。那么，这究竟是什么神秘物质呢？伦琴又反复做实验，或把屏移得更加远离放电管，或用黑纸把放电管包起来，屏上依然有荧光发生。百思不得其解而又兴奋异常的伦琴给这位神秘的不速之客起了个名字：X 射线。

接着，伦琴又通过一系列实验证明，这种特殊的射线具有不同于阴极射线的新性质。如 X 射线不能被磁场所偏转，它不仅可以使密封的底片感光，还可以穿过薄金属片，甚至在照片上能显示出衣服内的钱币或手掌骨骼。

X 射线的发现对人类的贡献是巨大的。许多科学家把 X 射线应用于医疗诊断和物质结构的研究。就是我们现在去医院看病，有的时候医生还要建议我们拍张 X 光片呢。但是，亲爱的读者，你知道吗，关于 X 射线，还有个有趣的小故事呢。

伦琴发现了 X 射线后，人们出于对他的敬仰，把 X 射线叫做伦琴射线。但是，伦琴夫人对于丈夫发现的这种神秘射线，却抱着既好奇又不相信的态度。伦琴为了说服她，跟她开了一个小小的玩笑：让她把手放在射线前拍了一张照片。然后，把冲洗出来的底片给她看。心理上毫无准备的伦琴夫人一旦看清丈夫手里的底片，吓得尖叫着连连倒退。看着爱妻受惊的样子，伦琴忍不住哈哈大笑起来。

伦琴夫人左手的 X 光照片，在全世界的科学家中引起了巨大轰动。一时间，全球掀起了研究 X 射线的浪潮。说起来你恐怕不会相信，那个时候，X 光甚至是受许多显贵绅士青睐的娱乐工具呢。他们争相用 X 光看彼此的骨骼系统和内脏器官，乃至看一枚放在皮夹子里

的小小的硬币。不过，后来一旦知道 X 光对人体细胞有杀伤作用，就没人再热衷于玩这样的游戏了。自然，对于我们来说，X 射线的伟大意义，也与这些达官贵人的游戏无关，我们铭记伦琴，是因为他为我们开创了一个人类探索物质世界的新纪元。

3. 洗衣机：解放妇女劳动力

世界上第一台电动洗衣机，是 1906 年由美国芝加哥人费歇设计制造的。在以后的岁月里，洗衣机的功能逐步得到加强和完善，洗衣机的发展历史，也正是妇女从繁重的家庭劳动中被逐步解放的历史。

如今，在一些乡村，我们偶尔还会看到一些妇女在河边用棒槌捶打衣物。这种原始的洗衣方法人类至少延续了数千年之久。洗衣机的诞生，才把妇女真正从繁重的家务劳动中解放了出来。

原始的洗衣机都是木质的，要靠人力转动摇柄，注水倒水都要用手，而且要花很多时间才能把衣服漂洗干净。如 1874 年美国的比尔·布莱克斯通发明的木制手摇洗衣机，它是在木桶底装 6 张叶片，用手柄和齿轮机传动，使衣物在桶内不断翻转，相互摩擦，从而达到洗净衣物的目的。

1880 年，美国又制造出用蒸汽为动力代替人力摇动手柄的蒸汽驱动洗衣机。以后相继出现了水力洗衣机、手摇洗衣机、汽油发动机带动的洗衣机。而当电发明后，电动洗衣机终于也诞生了。

1906 年，美国芝加哥人费歇设计制造了世界上第一台电动洗衣机。在原来洗衣机的基础上，费歇设计了这样一个装置：用发动机驱动一个卧式转筒。这个新装置大大减轻了人力的付出。

后来，美国的一家公司把洗衣机的木桶桶体改成铝铸桶体，提高

了机械强度和使用寿命。纽约的另一家公司还制成了电动洗衣、甩干两用机。洗衣时，把桶倾斜 45 度，和一个慢转齿轮吻合，然后须把装满湿衣服的桶提起，竖放在另一条快转驱动轴上，把水甩干。

四五十年代，附有电热水器和水泵的自动洗衣机，以及转筒式烘干机，都陆续问世了。

随着近代电子工业的发展，从手动、半自动的洗衣机，发展到用电脑控制的全自动洗衣烘干机，衣服的浸、洗、冲、甩、烘，全部由电子计时开关以及监测速度和温度的感应器来控制，放入衣物，按下开关，就能自动操作，不必照料。

进入到 20 世纪 90 年代，日本松下电器公司开发出用模糊理论控制的"爱妻号 DAY 模糊型"全自动洗衣机。它的特点是无论洗涤物有多少，都可以根据衣物脏的程度自动选择洗涤时间。

美国佛罗里达州一家臭氧技术公司又拓展新思路，研制成功了一种新型的臭氧洗衣机。使用凉水，不用洗涤剂，只需 10 分钟，这种洗衣机里的臭氧就能除去所有的有机质污物，然后再把污物从洗涤水中过滤掉。因此，这种水还可以反复地循环使用。这种洗衣机能除去衣物上 95% 的脏物。

4. 磁悬浮列车：会"飞"的列车

磁悬浮列车虽是近三四十年间才出现的新型交通工具，但早在 1911 年，就有人制成了一个磁垫列车模型。在其后的几十年里，德国、日本、加拿大、美国等国家对磁悬浮列车进行了反复试验。现在，时速达四百多千米的磁悬浮列车已经奔驰在不少国家的铁路新干线上。

你一定坐过列车。当你在车上听着"格隆、格隆"的声音时，你也许想过："要是它能飞起来就好了。"事实上，磁悬浮列车算得上是会"飞"的列车。

最早做出磁悬浮列车模型的，是俄国托木斯克工艺学院的一位教授。1911 年，他根据电磁作用原理，设计并制成了一个磁垫列车模型。这种列车行驶时不与路轨直接接触，而是利用电磁排斥力使车辆向上悬浮而与铁轨脱离，并用电动机驱动车辆快速前进，因此被称为"磁悬浮列车"。

在他之后，许多人也想到了磁悬浮列车。美国布鲁克黑文国家实验所的科学家詹姆斯·鲍威尔在 1960 年便认定，肯定有一种比普通驾车还好的方式，可以使车轮解脱摩擦高速运行。他和同事高登·丹比设计出一种利用磁悬浮技术的运输方式。根据他们的设想，强大的磁场会将火车提升至离导轨几英寸的地方，然后以 260 千米的时速行驶，与轨道不发生摩擦。

德国是较早研制磁悬浮列车的国家之一。德国的磁悬浮系统采用磁力吸引的原理，1983 年由 MBB 公司领导的快速运输磁悬浮铁路企业家组合研制的磁悬浮列车有两节车厢，载客 192 人。运行结果表明，磁力悬浮式铁路受气候影响小；采用橡胶轮，噪声小，对环境污染程度轻微，因而受到人们的重视。继德国之后，日本、加拿大、美国、英国、苏联、法国等国对磁力悬浮式铁路进行了广泛试验。

英国于 1984 年在伯明翰建成低速磁力悬浮式铁路并投入使用。这条磁力悬浮式铁路上的磁悬浮车，有两条平行的轨道，每条轨道上有一辆由两个车厢组成的列车，每个车厢能载 40 名乘客。列车在伯明翰飞机场和火车站之间约 0.8 千米的距离上往返。列车上无驾驶员，由计算机自动控制，虽然其最高速度仅为每小时 37.5 千米，但它证明磁悬浮列车是现实可行的。

日本国营铁路从 1962 年开始研究常导电磁铁吸引式悬浮铁路，

1968 年研制成功感应线性电动机高速特性试验装置，到 *1987* 年 *3* 月，完成了超导体磁悬浮列车的原型车，并定名为"LMU002"。外观为流线型，宛如一艘倒扣的轮船。车重 *17* 吨，可载 *44* 人。车上的电磁铁是用超导体铌钛合金制作的。磁浮力为 *196* 千牛顿，行驶时车体与导轨之间有效间隙为 *110* 毫米，牵引力为 *83.3* 千牛顿，最高时速为 *420* 千米。

也许很快，我们国家的铁路上，也会飞驰着磁悬浮列车。

5. 人造棉：大众消费大众爱

1912 年，法国的吉拉尔首先发明了人造棉，人造棉很快成为代替天然棉纱用于纺织业和服装业的原材料。从此，这种价格低廉、色彩鲜艳的布料成为大众化商品，但在崇尚自然的今天，它的销路日渐寥落。

第一次世界大战中，德国棉花十分缺乏。德国政府下决心研究人造棉、毛。开始时，他们试验把人造丝切成和棉花、羊毛一样的长度，然后加工试用，但效果不理想。*1912* 年，法国的吉拉尔把使用粘胶法生产人造丝过程中所产生的凝固物剥下，在圆筒内加工卷曲，切断成为短纤维，然后再把这种短纤维纺成线，生产出棉纺和毛线的代用品，这就是人造棉。

当时生产出的人造棉纱的强度比真丝和羊毛都差，但是价格低廉，易于生产。有人改进了吉拉尔的方法，直接制成短纤维。与此同时，又有人发明了使用醋酸纤维素生产人造棉。从此，人造棉产量大幅度增长，尤其是德国，不仅满足了本国纺纱业的需要，而且还出口日本等国。日本由于侵略中国东北及第二次世界大战的爆发，从国外难以买到棉纱和羊毛，原来的人造丝工厂纷纷转产人造棉，使人造棉的产量剧增，一跃而居世界第三位。

从此，这种价格低廉、色彩鲜艳的布料成为大众化商品，但在崇尚自然的今天，人造棉的销路日渐寥落，真丝、天然羊毛、全棉等等天然织品备受现代人喜爱。

6. 彩色胶片：把你的精彩留下

1923 年，戈德斯基和曼内斯制成了世界上第一张彩色胶片。胶片忠实地记录着人类生活的片断，成为人们永久的纪念。美国柯达公司推动了彩色胶片的诞生与发展，柯达胶卷风靡全球。今天，无论在专业摄影还是家庭生活摄影中，人们都广泛地使用了彩色胶片。

在商场里，照相冲印店里，柯达、富士、乐凯等牌子的彩色胶卷随处可见。它给我们的生活增添了许多乐趣。然而，你可知道彩色胶片是如何诞生的吗？

胶片的诞生是在照相机发明之后。早在 *1826* 年，世界上第一架照相机已经出现了，是法国人尼普斯的"杰作"。它是从 17 世纪的一种便携式绘图仪器的暗箱"脱胎"而来的，看上去有些笨重。聪明的尼普斯对暗箱作了一番改造，加上镜头、光圈和毛玻璃，就制成了照相机。尼普斯用自制相机，在室外花了 8 小时曝光，拍下了世界上第一张照片，他给它取了个好听的名字，叫"日光绘画"。

之后，他与另一位发明家达盖尔共同发明了银板照相法，即将镶银的铜板放在一个盛碘的盘子上方，用碘的蒸气在铜板表面形成一层碘化银，因而成为感光板，经照相机曝光后，用加热的水银蒸气蒸这块板，感光后的碘化银凝聚水银蒸气，光越强，凝结得越多，于是在

板上逐渐显出影像来，把板泡在盐溶液里即可制成永久性的相片。这或许是最初胶片的由来。

五十多年后，美国人乔治·伊斯曼发明了一种可以感光的透明胶片，用作摄影的底片。关于彩色胶片的发明设想，最初由库恩·舒泽尔提出，限于技术不成熟而未能实现。此后，德国的几位科学家也陆续加入这方面的研究，但都功亏一篑，未能取得实际的效果。

柯达彩色胶片诞生于 1923 年，它的发明者是 L·戈德斯基和 L·曼内斯。这两人在纽约上学时，对照相技术产生了浓厚的兴趣，于是一起进行过许多实验。当曼内斯进入哈佛大学，戈德斯基进入加利福尼亚大学后，仍利用假期在一起研究，并开始考虑制造含有各种颜色的胶片。最初，他们研究了双层式多层彩色片，后来又改变方向，研究三层式多层彩色片，到 1923 年，终于制成了包含各种颜色的第一张胶片。

在研究过程中，他们得到了美国伊斯曼·柯达公司米斯博士的帮助，解决了在显影时控制显影液扩散的方法，这对柯达彩色胶片的试制成功起了决定性作用。1953 年，在柯达研究所人员的协助下，曼内斯和戈德斯基找到了大批量生产柯达彩色胶片的方法。伊斯曼·柯达公司以"柯达克罗姆"的商品名经销这种产品。

如今，柯达胶卷已成为风靡全球的商品，走进千家万户。随着专业摄影要求的提高，一些适合不同需求的高清晰度的胶片不断涌现。1982 年 2 月，美国的柯达公司宣布一种新型照相感光材料——胶片盘诞生了。它是一张可以转动的胶片硬盘，略厚于传统胶片，用硬脂制成，由于它采用了新型感光乳剂，这种乳剂适用于各种复杂条件下的摄影，效果非常好。

今天，无论在专业摄影还是在家庭生活摄影中，都广泛地使用了彩色胶卷。相片里记录的是生活的变迁，而一张薄薄的胶片，却是人类科学研究的结晶。

7. 石英钟：精确把握每分每秒

在"时间就是金钱"的年代，石英钟表逐渐取代了机械钟表，成为人们应用广泛的计时工具。1929 年，世界上第一批石英钟问世。从它的出现到如今遍布寻常百姓家，其间只花了 70 年的时间。

钟表的问世，改变了人们的生活节奏。

几个世纪以来，我们对时间的把握，用的都是一些简单的工具。如根据太阳影子的移动，有人制成了"日晷计时仪"；利用流速均匀的滴水，有人发明了"水钟"；利用点燃的香，人们分出了"一炷香"、"两炷香"等时间间距。但这些时间概念都不是精确的。

从 14 世纪起，意大利的钟楼上开始出现了以自重为动力的齿轮制成的机械钟。但它们的走时并不像外表那样令人叹服，大约每天就会有 15 分钟的偏差。1583 年，意大利科学家伽利略的一次不经意的发现，使人们从此进入了标准的计时时代。有一次，伽利略在教堂偶尔注意了大厅的钟摆变化。他发现，钟摆的振动周期很有规律，它与钟摆的摆动幅度几乎无关，无论摆动幅度是大还是小，它的摆动频率都是相等的。根据这一原理，七十多年后，荷兰天文学家惠更斯做成了第一座摆钟。他的摆钟精确得被科学家拿来做物理实验；商店靠它正点开门和打烊；工人的工资也要靠它按小时计算。而它对人类生活带来的影响远不止这些，时间观念开始渗透到每个人的生活中，守时成为一种美德。

之后，摆钟、机械钟大量出现，并不断改进，但在精确计时方面，它们注定要被石英钟和原子钟所代替。

早在 *1880* 年，法国人皮埃尔·居里和保罗·雅克·居里就发现了石英晶体有压电的特性，这是制造钟表"心脏"的良好材料。石英晶体在受压时，极小的电流和伏特通过它表面，它会扩大并保持这种振幅，且振荡的频率非常高。以石英制成的振荡器，每秒可振荡 *3* 万多次，且不受外界温度、湿度和振动的影响，大大提高了计时的精确度。

1929 年，科学家以石英晶体制成的振荡计时器和电子钟组合制成了石英钟。

石英钟的问世，在当时引起了轰动。经过测试，一只高精度的石英钟表，每年的误差仅为 *3 ~ 5* 秒。

1942 年，著名的英国格林尼治天文台也开始采用了石英钟作为计时工具。在许多场合，它还经常被列为频率的基本标准，用于日常测量与检测。

大约在 *1970* 年前后，石英钟表开始进入市场，顿时风靡全球。如今，它在市场上已经非常普遍，机械式手表因而渐渐被人们淘汰。据日本钟表协会 *1994* 年的调查，全世界手表产量为 *10.75* 亿块，其中，*9.88* 亿块是由纽扣电池驱动的石英表。

随着科学的进步，精密的电子元件不断涌现，石英表也开始变得小巧精致，它既是实用品，也是装饰品。有时，它们薄得像五分硬币，可以装在纽扣、钢笔、助听器、眼镜架、头饰等随身用品上；有时，视人们需要，它们又是多功能的手表，可以显示日历、测量体温、存贮电话号码。石英钟表几乎无处不在，它为人们的生活提供方便，更为人们的生活增添了新的色彩。

8. 心脏起搏器：给人的心脏加把力

1932 年，美国心脏病专家海曼研制出了第一台有效的心脏起搏器。他把这个重 7.2 千克的仪器称为"人工心脏起搏器"。这一发明使很多心脏病人得以起死回生。

心脏是一个人的命脉所在，假如心脏出了问题就好比汽车的发动机出了毛病。所以，研制出第一台有效的心脏起搏器的美国心脏病专家海曼便理所当然地被载入了史册。

一般说来，心脏是通过内在的有节奏的电脉冲系统来向身体各部位输送血液的。电脉冲通过神经传遍心脏；神经与心脏肌肉纤维相连，使其收缩。有两根主要的神经通向负责泵送血液的心室。如果大脑缺乏血液供应达数分钟之久，就会引起永久性损伤，有时甚至会引起死亡。心脏有一套备用的脉冲系统，在紧急时接过第一套脉冲系统的工作，但是它在每分钟内产生的心跳次数只有必要的心跳次数的一半，不足以维持整个身体的活动。

英国外科医生沃尔会什于 1862 年最先提出在心跳停止时使用感应电脉冲。10 年后，法国医生德布罗内进行了成功的实验，他把一个电极安在心跳停止的病人的皮肤上，把另一个电极握在右手中，同时左手有节奏地轻压病人的胸膛，使心肌收缩。

1932 年，美国心脏病专家海曼研制出了临床用的第一台有效的心脏起搏器。他把这个重 7.2 千克的仪器称为"人工心脏起搏器"。海曼的大型起搏器是从起搏器内引出一根导线，通到心脏的表面，或穿过一条静脉通到右心室。这种起搏器曾救了很多人的命。第二次世界大战期间和战后的技术发展，使起搏器得到很大改良，其体积缩小到

可以安在病人的体内。

起搏器不是人工心脏，也不能代替心脏输送血液。它只能产生电脉冲。有的起搏器一直不停地产生电脉冲，有的起搏器只是在自然系统失灵后才产生电脉冲。发展到后来，起搏器成了一种很小的电子器件，为了便于更换，通常直接植于胸部的皮肤下。这种起搏器有一个电池，还有一两只能放大微弱电流的晶体管。电池可以用数年才更换。新型的心脏起搏器中有使用了核电池的，这种电池内有一个用放射性同位素钚238做成的小球。小球发出的热产生电流。这种电池的寿命可以长达十余年。后来便发展到有了更好的人工心脏。

9. 尼龙：开辟纺织新天地

20世纪30年代，"尼龙之父"卡罗瑟斯的发明，犹如一颗重磅炸弹，引起一场全球性的"尼龙骚动"。

在尼龙发明之前，人类要解决穿衣问题，只能依赖于大自然的恩赐，用蚕丝、羊毛和棉花来纺织。但是，大自然的恩赐毕竟有限，人类由此渴望另辟蹊径，发明一种能够替代天然纤维的东西，历史的契机给了华莱士·休姆·卡罗瑟斯。

华莱士·休姆·卡罗瑟斯1896年生于美国伯灵顿，1921年在伊利诺伊大学就读，并获得有机化学硕士学位，1924年再获有机化学博士学位，后又在哈佛大学讲学和研究。1928年，美籍法裔的杜邦家族创办的杜邦公司聘请他担任设在特拉华州的实验室的有机化学研究主任。

这期间，卡罗瑟斯认真研究了德国高分子化学家施陶丁格发现的缩聚反应。1931年前后，他和他的研究小组发现，当某种物质分子聚

合度大于一定数值后，它可以纺成丝，再冷却后可得到有一定韧性的可以拉长好几倍的纤维状细丝。这样的纤维丝可不可以替代蚕丝等天然纤维来纺织呢？1933~1934年，卡罗瑟斯和他的助手们，合成了上百种尼龙纤维。1935年，他们终于发明了一种柔韧性能好、抗拉强度高的合成纤维，并将它命名为尼龙—66。

由于这种尼龙—66是利用易于从空气、水、煤或石油中提炼的化学元素碳、氢、氮、氧来合成的，成本低，1939年，杜邦公司很快开始了大规模的工业化生产，并发表公告称其是"比蜘蛛丝还细、比钢丝还要结实的具有美丽光泽的尼龙丝"。

尼龙—66首先是在袜子行业中打开市场的，当时杜邦公司用30英尺高的大腿模型套上尼龙袜子来推广它。西方国家的妇女们喜欢穿浅色袜子，原先的棉纤维和羊毛织成的袜子不适合这一要求，而且看起来比较厚重；丝绸的价格贵，尼龙制成的袜子则又薄、又轻、又结实有弹性，当然受到消费者的普遍青睐。1938年~1939年底，尼龙袜子从试产到大规模投放市场，迅速传遍了全美国，进而风靡全球。各个国家都纷纷引进专利建厂投入生产。在当时，全世界的妇女一天购买尼龙袜子达四百多万双，这一购买热潮被当年的新闻媒体称之为"尼龙骚动"。

尼龙袜子的风行还带来了短裙的流行。又薄又有弹性的尼龙袜取代了相对臃肿、粗糙的棉麻织物，妇女们愿意让她们美丽的双腿露出更多。"二战"过后，许多士兵在返乡途中，喜欢买一双尼龙袜放在口袋里，准备送给心爱的女人——尼龙袜成为当时盛行的爱情礼物，甚至有人在接收礼物后当街试穿这爱情的甜蜜信物。此后，尼龙被应用在更广泛的领域。人们用它做热气球、尼龙蚊帐、内衣等等。

10. 无籽西瓜：满足人类新口味

1938 年，中国的黄昌贤曾用植物激素处理西瓜雌花，第一次获得了无籽西瓜。但由于果实小、成瓜率低而没有应用于生产。1942 年，日本首次培育成功三倍体无籽西瓜。

西瓜在所有瓜果中果汁最为充足，含水量高达 96.6%，是人们喜食的时令水果。但是西瓜好吃吐籽烦，西瓜能不能像香蕉那样没有籽呢？于是人们开始研究利用生物技术培育无籽西瓜。

1938 年，中国的黄昌贤曾用植物激素处理西瓜雌花，第一次获得了无籽西瓜。但由于果实小、成瓜率低而没有应用于生产。同年，日本生物学家寺田甚七使用萘乙酸和吲哚乙酸处理西瓜雌花柱头，获得多倍体西瓜。1942 年，日本首次培育成功三倍体无籽西瓜。

1950 年，日本育成了 9 个品种的无籽西瓜。无籽西瓜得到大面积推广，到 1957 年，日本种植无籽西瓜的面积约达 100 万平方米，从而引起世界各国的重视，先后有印度、美国、意大利、智利、匈牙利、罗马尼亚、泰国等国家的科学工作者，开展了西瓜多倍体的研究工作。中国从 50 年代至 60 年代初，进行无籽西瓜的试种。1965 年湖南无籽西瓜已销往港澳市场。以后许多地区也积极推广，并选育出适合当地特点的优良品种。

无籽西瓜是利用三倍体不育的原理培育成功的。你知道吗，一般的生物细胞，染色体总是成双成对的。譬如人就有 46 条，共 23 对染色体，每一对染色体长度一样，看起来像双胞胎，这样的生理叫做二倍体。普通西瓜、猴等和人一样都属于二倍体。香蕉等天然无籽水果则例外，属于三倍体，它的细胞中的染色体不是"双胞胎"，而是有

三套。这些"三胞胎"细胞在减数分裂形成生殖细胞时，染色体总是不能成双成对等量分配，不是多了就是少了。这样的生殖细胞虽能刺激果实发育成熟，但不能受精结籽成为种子。这好比有的人长大成年了却不会生育一样。

培育无籽西瓜的关键就是要把二倍体西瓜变成三倍体西瓜。主要方法是：将正常的二倍体有籽西瓜在幼苗期用一种叫做秋水仙素的神奇化学药物进行人工诱变，使细胞内的染色体数目加倍，创造出四倍体西瓜。然后把四倍体西瓜植株作母本，用正常的二倍体有籽西瓜做父本，在开花时用人工授粉进行杂交，就能得到三倍体的种子。第二年用三倍体的种子种植，长成的花用二倍体有籽西瓜花授粉，就可得到无籽西瓜。由于无籽西瓜体细胞染色体为 33 条，它在生殖过成中无法均匀配对，生殖力显著衰退，只能形成我们平常看到的那种白嫩秕子，这样的西瓜故称无籽西瓜。

无籽西瓜由于没有种子不能繁殖后代，所以必须采用年年制种的方法，成本较高，当然，无籽西瓜的价格就要略高于普通西瓜了。

11. 人工肾脏：人造血液清洗厂

1943 年，荷兰医生科尔夫制成了第一个人工肾脏，首次以机器代替人体的重要器官。人工肾脏的发明不仅为肾病患者带来了福音，同时也大大推进了人造器官的研究。

人体有两个肾脏，在人的腰部左右各一个。这对小小的器官每 50 分钟就能把人体内的全部血液清洗一次，每天大约可以清洗 1700 升血液。虽然两个肾脏只占人体体重的 0.5% 以下，但它的过滤器和管道等如果连接起来，长度将近 80 千米。

我们知道，人体血液中除了红细胞、白细胞外，还有大量血浆。主要由水分构成的血浆在血管内形成血液流动的河流。因为有了血浆，血液才能够顺畅流通。当身体的细胞把热量转化为能量的时候，也会产生一些废物。如果让废物累积在机体的组织之内，就会损害人的身体，并危及生命。所以细胞把废物送进血液，随着血液流到肾脏，肾脏回收血液中有用的成分，同时把有害的以及不需要的物质通过尿液排泄出去。肾脏的功能，就相当于血液的清洗工厂。此外，肾脏还担负着调节体内水分和盐分的工作。

肾脏在人体器官中扮演着如此重要的角色，一旦它出了问题就会给患者带来极大的危险。因此，有许多医学科学家致力于肾病治疗的研究，致力于人工肾脏的研制。

1943 年，荷兰医生科尔夫制成了第一个人工肾脏，首次以机器代替人体的重要器官。这种人工肾脏可以使病人的血液流过机内一个水槽，槽内有一个用胶膜包着木框制成的过滤器。血液内的有毒物质能透过人工肾脏的胶膜渗滤过去，血球和蛋白质则不能通过。这台机器可暂时代替人体肾脏的功能，让损坏的肾脏逐渐康复。

不过人工肾脏也有一个完善的过程。1960 年，美国外科医生斯克里布纳发明了一种塑料的连接器，这种连接器可以永久装进病人前臂，连接动脉和静脉；人造肾脏极易与之相连，不会损伤血管。几年之内，千万名肾病患者利用人工肾脏进行透析治疗，每星期三次，每次 10 至 20 小时，以维持生命。很多病人接受了专门的训练后，可以在家作透析。

到了 20 世纪 70 年代，一些功能性高分子纤维得到迅速发展。所谓功能性高分子纤维，是指纤维本身具有某种特殊的功能，其中中空纤维即是一种。医学上人工肾血液透析器首先是用三醋酯中空纤维制成。一个由 1 万根内径为 200 微米、膜壁厚 20—50 微米、长 18 厘米

的中空纤维组成的人工肾，效率高，操作简便，目前世界上已有 10 万人凭借这种人工肾脏生活。

现在的人工肾脏虽然应用十分普遍，但它一般只有透析过滤的功能。理想的人工脏器要具有所代替器官的全部功能，并具有对整个生物体的信息传感、反馈、控制和信息处理等功能，这是今后努力的目标。

12. 人造地球卫星：开发高远位置资源

1957 年 10 月 4 日，苏联发射了世界上第一颗人造地球卫星。从此，人类开始了太空时代。中国是第五个能独立发射卫星的国家。目前人类已研制和发射了各种人造卫星四千八百多颗，主要目的是利用人造地球卫星开发太空高远位置资源。

自古以来，人类一直在探索太空奥秘，尤其企望能一步登天，到九霄云外潇洒走一回。从古代火箭到牛顿三大定律，从齐奥尔科夫斯基的多级火箭理论，到布劳恩研制 V–2 火箭，经过祖祖辈辈的不懈奋斗，茫茫太空终于迎来了亘古未有的新纪元。

1957 年 10 月 4 日，苏联拜科努尔航天中心天气晴朗。人造卫星发射塔上竖着一枚大型火箭。火箭头部装着一颗圆球形的有 4 根折叠杆式天线的人造卫星"斯普特尼克"1 号。随着火箭发动机的一声巨响，火箭升空，在不到 2 分钟的时间里消失得无影无踪。世界上第一颗人造卫星发射成功了。

消息迅速传遍全球，各国为之震惊。这颗"小星"在天空不过逗留了 92 天，但它却"推动"了整个地球，推动了各国发展空间技术的步伐。

世界上第一颗人造地球卫星的发射成功在国际上产生了巨大的影响，对许多国家的运载火箭和航天器研制工作起到了积极的推动作用。1958年1月31日，美国第一颗人造地球卫星"探险者—1"升空。此后，法国、日本、中国和英国等纷纷发射各自的卫星。据统计，现在人类已研制和发射了各种人造卫星四千八百多颗，人们的主要目的是利用人造地球卫星开发太空高远位置资源。

显而易见，用人造卫星观测天体能不受大气层的阻挡，接收来自天体的全部电磁波辐射，实现全波段天文观测。人造卫星的飞行速度快，一天能绕地球飞行几圈或十几圈，可迅速获取地球的大量信息，这是地面勘察和航空摄影无法比拟的。人造卫星在几百千米以上高空飞行，不受领土、领空、地理和气候条件限制，视野广阔，一张遥感卫星照片拍摄的面积可达几万平方千米。在静止轨道上的卫星可"看到"40%的地表，这对通信非常有利，可实现全球范围的信息传递和交换。人造卫星能飞越地球任何地区，特别是人迹罕至的原始森林、沙漠、深山、海洋和南北两极，并对地下矿藏、海洋资源和地层断裂带等进行观测。而且，太空这块风水宝地也是各军事大国竞相抢占的制高点。在20世纪90年代初的海湾战争中，美国就几乎动用了各种类型的军用卫星，首开了世界军事航天史的先河，它标志着陆、海、空、天四维立体战争的时代已经到来。

中国是第五个能独立发射卫星的国家。1970年4月24日，我国用自制"长征—1"运载火箭，在酒泉卫星发射中心，成功地发射了第一颗人造地球卫星——"东方红"1号，它标志着我国在征服太空的道路上迈出了巨大的一步，并跻身于世界航天先进国家之林。

"东方红"1号卫星上装有望远镜、照相机、雷达等多种先进仪器。其中有一部音乐发生器，播送着《东方红》乐曲。

中国的航天事业始于20世纪50年代中期，1967年组建中国空间

技术研究院，由周恩来总理直接领导。3 年后，我国第一颗人造地球卫星就上天了。经过十几年的努力，我国成为世界上第五个用自制的运载火箭发射人造卫星的国家；并且掌握了人造地球卫星回收技术；还能用 1 枚火箭同时把 3 颗人造地球卫星送入地球轨道，是世界上第四个掌握"一箭多星"发射技术的国家。

从 1987 年开始，我国还用返回式卫星搭载水稻、小麦、玉米、青椒、西红柿、黄瓜、西瓜等作物的种子，在太空经受强辐射、高真空、失重和低温环境的洗礼，诱使它们的遗传基因发生变异，然后在地面上种植。用这样的方式培育出来的作物，生长快、长势好，对加快农业发展具有不可估量的作用。

随着卫星技术的日新月异，卫星种类越来越多，令人眼花缭乱，应接不暇。它们在宇宙"公海"里邀游"淘金"，已为人类带来了万贯财富，我们今日的生活，已经无法离开它。20 世纪发明的人造地球卫星，改变了人类社会的思维、工作和生活方式，成为现代社会发展的巨大动力。

13. 激光：人类的希望之光

1958 年，美国人肖洛和汤斯发现了激光。两年后，即 1960 年 7 月 7 日，梅曼宣布：第一台红宝石激光器诞生。

如果有人问你，世界上什么光线最亮？你也许会不假思索地回答：太阳光！此话若在 50 年前回答，也许是对的，至少无人驳倒你。可是现在这样回答就大错特错了。因为有一种光比太阳光表面的亮度还要强 10 亿倍以上，这就是激光。这种神奇的光，给人类带来了福音，被称为"希望之光"。最早提出激光理论的是爱因斯坦。他于 1917 年在研究光的辐射过程中，提出了"受激辐射"的概念，奠定了激光的理论基础。但"受激辐射"的理论提出之后的几十年时间里，人们对它的研究并不多。因为在自然界的普通光源中，受激辐射的成分非常少，似乎没有什么实际应用价值。而且谁也无法预言采用什么样的手段就可以改变光源的辐射成分。

1958 年，美国科学家肖洛和汤斯发现了一种奇怪的现象：当他们将闪光灯泡所发射的光照在一种稀土晶体上时，晶体的分子会发出鲜艳的、始终会聚在一起的强光。根据这一现象，他们提出了"激光原理"，即物质在受到与其分子固有振荡频率相同的能量激励时，都会产生这种不发散的强光——激光。他们为此发表了重要论文。

肖洛和汤斯的研究成果发表之后，各国科学家纷纷提出各种实验方案，但都未获得成功。1960 年 5 月 15 日，美国加利福尼亚州休斯实验室的科学家梅曼宣布获得了波长为 0.6943 微米的激光，这是人类有史以来获得的第一束激光，梅曼因而也成为世界上第一个将激光引入实用领域的科学家。

同年 7 月 7 日，休斯公司在纽约举行了新闻发布会，隆重地宣布：激光器诞生了！梅曼的方案是，利用一个高强闪光灯管，来刺激在红宝石色水晶里的铬原子，从而产生一条相当集中的纤细红色光柱，当它射向某一点时，可使其达到比太阳表面还高的温度。

时隔一年，1961 年 8 月，中国第一台激光器——"小球照明红宝石"激光器，在中国科学院长春光学精密机械研究所诞生了。它虽比国外同类型激光器的问世迟了近一年时间，但在许多方面有自身的特色，特别是在激发方式上，比国外激光器具有更好的激发效率，这表明我国激光技术当时已达到世界先进水平。这台激光器的设计师是王之江教授，他被称为"中国激光之父"。之后，1975 年，我国第一台激光测距仪又研制成功，它的研制成功，为我国大地测量和地震预报

研究提供了一种长距离测距的新仪器。*1980* 年，我国首创了医用高功率激光气化肿瘤装置，为治疗癌症提供了一个新手段。*1994* 年，世界上第一张立体图像卡拉 OK 激光视盘在我国问世。

自从 *1960* 年世界上第一台激光器问世以来，激光的家族已进入百花争艳、五彩缤纷的时代。甚至有人认为，所有的物质都可能做成激光介质，构成激光器。目前，激光的应用非常广泛，可以说已经渗透到生产、国防、科研、医疗和生活的各个领域。比如，近年来激光手术已经在医学上广泛应用。在颅脑外科手术中，大夫不用刀，而是利用聚焦到针头般大小的激光点来为病人做手术，能够有效地消除神经病变组织，又能避免损伤其周围的神经；机械工业中的激光打孔机可以在无论多么坚硬的材料上打孔；在军事方面，激光最早的应用是激光测距、激光雷达；另外，激光制导武器发展也很快，特别是激光制导导弹、激光制导炮弹和激光制导炸弹。

目前，人们已经利用激光器研究出完全不同于传统照相技术的全息摄影，实现了激光光导纤维通讯和空间通讯，连人们梦寐以求的受控核聚变也要靠激光来实现呢。

但是，千万别以为激光很神秘，它早已深入到我们的日常生活之中：在电视机、录像机的遥控器中就有一个红外激光半导体发射器，流行的 CD、VCD 机也是靠激光二极管来读取光盘上的数字信息的。

20 世纪激光的发现和激光器的诞生，是现代科技史上的一件划时代的大事。

14. 断手再植：中国医生的创举

断了的手难以复活，这在 *20* 世纪以前几成公论。但在 *1963* 年 1

月 2 日，上海市第六人民医院的外科医师创造了奇迹，把一只从腕部完全轧断的右手重新接了起来。中国医生的断肢再植创举，为世界的断肢再植手术开辟了成功的道路。

如何能将完全离断而濒于死亡的肢体再植成活，一直是医学界期待解决的难题。过去人的肢体如果完全离断，医生只能缝合残端，再装配假肢。但即使装配最佳的假肢也不能替代原来肢体的功能。从 1903 年起，一些外科医学家先后对断肢再植进行了研究，但均未获得成功。

1963 年 1 月 2 日，上海市第六人民医院外科主治医师陈中伟、外科副主任钱允庆等医学专家对一例右前臂下端完全性离断的手再植成功。这是世界上首次报道的临床获得成功的断肢再植手术。患者是一位 27 岁的男性钳工，名叫王存柏，他的右前臂下端被巨大的落料冲床完全截断。再植手术开始时距受伤时间约半小时。

手术中，医生对右上肢近端和离断端进行常规准备和扩创，并首先为病人接好了手腕部分的骨头和九根控制手指屈伸的主要肌腱，又用一种新的套接法，把手部的四根主要血管接了起来，保证了手的存活。接着，医生对骨端、肌腱、血管、神经组织修整后，用接骨板和螺丝钉固定挠骨，精心缝合软组织。为防止术后环状挛缩，将皮下组织与皮肤呈"Z"形皮瓣缝合，然后患肢用石膏托固定。这样，终于恢复了已经停止四小时的手部血液循环。术后，医务人员加强护理，注意观察皮肤温度和血液循环等。术后 1—3 周伤口全部愈合。术后 7 个月，经技术鉴定，情况良好。再植的手能举重 6000 克，可执笔书写或执握茶杯等物。

王存柏的手在恢复书写功能后，他马上用受过重创的手写了一行发自肺腑的话：党使我断手复活，中国共产党万岁！毛主席万岁！

同年的 11 月 26 日和 12 月 22 日，陈中伟和钱允庆又分别做了 1

例右手掌压断再植手术，均获得成功。他们断肢再植的创举，为世界的断肢再植开辟了成功的道路。

从科学意义上来说，断手再植成功是显微外科发展的成果。*1960* 年，美国贾克勃逊和苏阿锐兹首次在手术放大镜下做血管缝合。*1963* 年，中国医生陈中伟、钱允庆等对前臂远段离断再植成功并有良好的功能，引起学术界的震撼，从此中国在这一领域保持领先地位。*1966* 年，上海的医生们在 *6* 倍放大镜下进行第一例断指再植成功；*1984* 年，中国人民解放军 *401* 医院为 *1* 个 *10* 指断离病人再植 *9* 指全部成活，再创纪录；*1986* 年，第四军医大学附属医院及中国人民解放军 *89* 医院各为 *1* 例 *10* 指离断的病人再植 *10* 指，全部成活。

中国医生在这一领域的领先证明了祖国医学界妙手回春的神力。

15. 深海钻探：海底世界真奇妙

1968 年 *8* 月 *11* 日，一艘名叫"格格玛·挑战者"号的科学考察船开始了它的处女航，目的是深海钻探。经过 *15* 年的航行，不仅验证了大陆漂移说、板块构造说，而且还有许多重大科学发现。

"深深的海洋，你为何不平静？"人们不仅是这样唱着歌，还用现代科学来摸索海底世界到底有多神奇。

深海钻探是 *20* 世纪科学技术史上一项震惊世界的壮举。*1957* 年，美国学者芝克和赫斯首先提出了钻穿地壳取得地幔样品的构想。*1961* 年 *3* 月，美国率先在东太平洋海域作了试钻，但在更换钻头时因找不到原钻孔而中止。要钻穿地壳的底面莫霍面，需耗资 *11200* 万美元。由于耗资太过庞大，这项"莫霍计划"被美国众议院投票否决。*1964* 年，美国斯克里普斯海洋研究所等单位联合组成了"地球深部取样联合海洋机构"，并于 *1966* 年制定了"深海钻探计划"。

深海钻探计划在技术上由"地球深部取样联合海洋机构"具体实施，并专门设计建造了高性能的"格格玛·挑战者"号钻探船。从 *1968* 年 *8* 月 *11* 日开始到 *1983* 年 *11* 月止，历时 *15* 年，"格格玛·挑战者"号钻探船共完成了 *96* 个航次，总航程累计达 *60* 万千米，在除了北冰洋外的各大洋的 *624* 个钻位上钻井共计 *1092* 口，取得了岩芯 *95000* 余米。

"格格玛·挑战者"号科学考察船通过广泛的考察，证实了埋藏在大洋底下的矿产资源远比埋在陆地下的矿产资源要丰富得多。在墨西哥湾、南极罗斯海区都发现了储量可观的油气；在红海底和地中海底炽热的裂缝里发现了含金、银、铜、铁、铝、锌的多金属软泥。在海底钻探过程中，科学家们将钻头钻入海底后就一根一根地放下钢管，再将这些钢管连同挖取的岩芯一起拉上来。截开后纵向剖开，一半送往美国研究，一半在船上进行分析、检测。世界各国都被深海科学钻探的结果所吸引，并且有越来越多的科学家参加了"格格玛·挑战者"号的工作。

1983 年 *11* 月，"格格玛·挑战者"号完成了最后一个航次，正式退役，并由一艘名为"乔迪斯·坚决"号的更先进的钻探船所取代。"格格玛·挑战者"号在 *15* 年科学的考察中，获得了多项重要发现，改写了地球演化历史，为海洋科学写下了辉煌的一页。因此它的退役也成为重要事件。

"深海钻探计划"在技术上的突出成就在于：*20* 世纪 *70* 年代先后研制成功新的钻孔装置和液压活塞取芯技术，后者能够取得数百米长的原状岩芯样品，为高精度的古气候学和古海洋学研究奠定了重要基础。

"深海钻探计划"的实施为验证和发展板块构造学说立下了丰功

伟绩，并重现了中生代以来古大洋环境的演变，从而创建了古海洋学等新学科。

今天，海洋的奥秘仍是各国科学家关注的焦点，海洋永远是个迷人的世界。

16. 智能机器人：像人一样聪明

如果将来有一个智能机器人国，那么，1968 年应当是特别值得纪念的建国年。

1968 年，美国斯坦福研究所研制出了世界上第一台智能机器人，这就是第三代机器人（第一代机器人属于示教再现型，第二代机器人则具备了感觉能力），它不仅具有感觉能力，而且还有独立判断和行动的能力。

这台智能机器人用三个轮子当脚，装有"猫胡须"式的触觉传感器，用电视摄像机当眼睛，头上装有天线，由大型电脑通过天线进行遥控。为了测试这台智能机器人的智力，斯坦福研究所对它进行了一次有趣的试验。他们在房间中央放了一个平台，在台上放了一只箱子，同时在屋角放了一块斜面板，然后命令机器人爬上平台，将箱子推下来，一直推到门外。机器人接受指令后就开始迫不及待地到处找箱子。一开始，它想尽了办法都无法登台，只好围绕着平台乱转。20 分钟后，它终于看到了屋角的斜面板，于是高兴地跑过去将斜面板推到平台前，沿着斜面板登上了平台，把箱子推下来，并一直推到门外，顺利完成了人们交给它的任务。

这一次实验证明，这台智能机器人的智力已经达到了大猩猩的智力水平，但仍属弱智一类。

然而，它的真正意义在于，表明了智能机器人的时代已经来临。今天的智能机器人已经在许多方面具备了人类的特点，并步入了高智能的行列。

1984 年，日本早稻田大学工程系主任加藤一郎研制出了"瓦伯特"2 号音乐家机器人，智商相当于 5 岁的孩子，它同著名的日本 NHK 广播乐团同台演出了流行歌曲《玻璃苹果》，得到了满堂喝彩。

智能机器人最动人之处在于它能听、能看、能说、能判断环境状况，并且有记忆、推理和决策的能力，有摄像机、测距系统和图像处理器组成的视觉系统。今天智能机器人已经渗透到人类生产、生活的各个领域中，除了工农业生产外，机器人还可以给人看病、做饭、下棋、作画等。

机器人发展到了智能时代似乎走到了尽头，余下的事情就是如何提高它们的智能，直至逼近人类。当然如果人类不能有效地预防，智能机器人就有可能全面超过人类的智能，人类可能正在为自己创造一个对立面，那么像科幻电影《走向未来》里机器人犯罪这样的可怕事情也会发生。真到了那时候，人类是喜是悲？

17. 游戏机：电子时代的时尚娱乐

1975 年，美国人威廉·米勒制造了世界上第一台小型电子游戏机，并于 1976 年开设了电子游戏机店，电子游戏活动大受人们欢迎，并逐步普及，玩电子游戏成为时尚娱乐。

很少有孩子不喜欢玩电子游戏机。游戏机画面生动形象，变化无穷，趣味性极强，给我们的生活增添了很多乐趣。除了孩子，许多大人也照样乐此不疲。但是，你知道吗？游戏机其实也是高科技的产物，它的发明离不开计算机的发展。

20世纪50年代末，随着存贮程序电子计算机的问世，用计算机制作游戏也随之兴起。到1975年，美国人威廉·米勒制造了世界上第一台小型电子游戏机，并于1976年开设了电子游戏机店，电子游戏活动大受人们的欢迎，并逐步普及，玩电子游戏成为时尚娱乐。

20世纪70年代电子游戏的内容主要有体育运动和射击游戏。70年代末又出现了投币电子游戏。到了80年代，电子游戏内容已相当丰富，橄榄球、棒球、篮球、足球、国际象棋、扑克、黑杰克（21点牌戏）、数字游戏、问答测验等不断涌现。游戏的种类也多种多样，有靠电池供电的；有小型手控机关的；也有利用电视屏幕、计算机终端或类似盒式录放机的显示计算机系统进行的；还有利用设在游艺室内的大型全套设备的。用手控制的游戏设备体积日益增大，其中有许多必须置于地面或台上，采用竖直显示器，可以两人同时游戏，较小型的设备大都也可以供两人同时游戏。

现在电子游戏活动更是普及于世界各国，游戏机也逐步家庭化，游戏内容更是繁多，数字组合、拼图、武术、枪战、球类等应有尽有。电子游戏深受人们的喜爱，尤其受到少年儿童们的迷恋。

随着电脑的普及，电脑游戏也逐渐进入了各个家庭，各种游戏软件更是层出不穷，人们不仅可以在电脑前单枪匹马地与各种妖魔鬼怪进行搏斗，还可以通过网上游戏，与各自的亲朋好友作一番"厮杀"。

由于电脑软件的发展和互联网技术的日新月异，电脑游戏不仅仅是孩子，而且也是成人世界里的一个虚拟空间。这也许是威廉·米勒在发明世界上第一台电子游戏机时所无法预见的。

但是，最后要提醒喜爱玩电子游戏的人们，特别是孩子们，千万记得当初威廉·米勒发明游戏机只是为了给人们提供一种娱乐方式，如果过分沉溺于电子游戏中不能自拔，从而影响生活和学习，那就违

背了发明者的初衷。

18. 试管婴儿：人类的新孩子

奥尔德斯·赫胥黎曾在他经典的科幻作品《勇敢的新世界》里，虚构了一个社会。在那里，"婴儿可以在试管里通过化学的方法大量生产出来"。有目共睹，1978年7月25日，这个奇异的梦想终于变成了现实。

1978年7月25日，一位名叫路易斯·布朗的婴儿在英国呱呱坠地，她和其他金发碧眼的小女孩没什么区别，然而此时此刻，全世界的目光和注意力都被她所吸引，几乎所有知道这件事的人，都从心底里欢呼，祝贺她的出生。因为她有一个新的称呼：试管婴儿。这意味着人类历史上出现了一个新的孩子。她来到这个世界之前，走过了一段与常人不同的路程。

对这个婴儿的父母莱斯莉和约翰·布朗来说，子宫外受孕不是一个梦魇而是一个奇迹。

二十多年过去了，当年的小路易斯·布朗已经长成一个亭亭玉立的大姑娘了，而她那试管婴儿的弟弟妹妹也已经超过了10万人。

试管婴儿，实际上并非自始至终在试管中培育成长，而是受精过程及胚胎初始阶段在试管中度过，而胎儿发育的绝大部分时间均是在母体中进行的。它首先将妈妈的卵子从母体中取出来，放在试管中，与爸爸的精子结合，然后再将这一"火种"从试管中移回到妈妈的子宫内。它与其他正常母体内受精卵一样，在子宫内一天天地长大，然后高高兴兴地走出子宫这个"摇篮"，开始漫长的人生之旅。经过科学家们的多次试验，试管婴儿如今已形成了全套技术，它包括给母亲

注射一定量的激素——超数排卵，然后从体内取出成熟的卵子——人工采卵，把它放在预先准备好的、具有一定温度和培养液的玻璃器皿中，并加入父亲的精子，使卵子受精。到第六天，医生再把这个胚胎放回母亲的子宫，使其得到母体的营养。经过几个月的正常妊娠，健康的婴儿便诞生了。

说到试管婴儿的历史，我们还必须提到一个华裔科学家。1959年，美籍华裔生物学家张觉民教授首次将体外受精的36只兔胚移植到6只借孕兔子的输卵管中，并使之成功地分娩出15只健康的小兔子。家兔体外受精与移植的成功，为人卵的试验提供了宝贵的经验。后来，英国的两位妇产科专家帕特里·克斯蒂托和罗伯特·爱德华兹从60年代初期开始密切合作，在1965年提出了人卵在玻璃管内可能受孕的证据，特别明确地描述了雄性配子与雌性配子的成熟过程。此后，他们又经过十多年的艰苦努力，试管内受孕的试验终于在1978年取得了成功。

自1978年以后，试管婴儿的家族不断壮大，平均每天都有4名出自试管的小天使来到人间。

1988年3月10日上午8点56分，中国诞生了首例试管婴儿，试管女婴萌珠体重3900克，身长52厘米。创造这个业绩的是时年67岁的北京医科大学第三临床医学院妇产科教授张丽珠和她的同行们，这是我国生殖医学研究的一项重要突破。北医大从1984年组建生殖工程研究组开始试管婴儿研究到临床妊娠成功，张丽珠和他的同事们不知多少次重复着试验步骤。从取卵到十月分娩，发生任何意外都会前功尽弃。高精尖的试管育婴技术，曾使很多国内外学者和渴望做父母的人们败下阵来。而甘肃礼县盐关镇小学教师郑桂珍是中国第一位幸运的受益者。

随着培养试管婴儿的技术不断改进和提高，其成功率已达到

25%—30%，并且在经典的"体外受精与胚胎移植"的基础上又衍生出几种新技术，如人类异体胚胎移植的成功，不但能使丧失卵巢功能的妇女能生育，而且还可以避免家族遗传病。试管婴儿正常发育成长的事实，是人类胚胎学的重大突破，并具有潜在的优生学意义。目前，第二代、第三代试管婴儿的研究也正在不断的进展之中。

19. 乙肝疫苗：人类健康的保障

1982 年，中国预防医学科学院病毒研究所采用基因工程技术研制出高纯、高效的乙肝疫苗，经过几年努力，喜获成功。1988 年，国家正式批准生产，效果良好，现在婴儿刚出生时只要注射乙肝疫苗，就不会感染乙型肝炎。

通过接种疫苗来预防传染病，不少小朋友已深有感触，从没懂事起，小胳膊小屁股上就没少挨针扎。爸爸妈妈总是边替孩子轻柔疼痛的部位边心疼地说："不哭不哭，宝宝打过针后就不会生病了。"

但对那些有遗传性的传染疾病，是否也能用疫苗来预防呢？从1982 年中国预防医学科学院成功研制出乙肝疫苗后，人们发现这正是一条有效预防的途径。尽管现在有近60% 的成年人携带乙肝病毒，若是女性，她怀孕后就可能遗传给孩子。但现在婴儿刚出生时只要注射乙肝疫苗，就不会感染这种疾病。

据医学研究分析，幼儿期就患上乙肝，其成人后患肝癌或肝坏死的可能性极强。而正是乙肝疫苗的投入使用，才使这一高发疾病能在下一代身上得到有效控制。

由于疫苗本身就是一种病毒，这种特殊的病毒对人体是否安全，一直为医学工作者所关注。早在 1964 年，医学家们就从澳大利亚居民的血清中发现了乙型肝炎抗原。1970 年又从含乙型肝炎抗原的血清中发现了乙肝病毒。从显微镜下可以观察到乙肝病毒是直径为 42 毫微米的球状体，由外壳和内核组成，抗原就是其外壳的成分。通常人们感染乙肝病毒除了母婴传播外，就是因接受了含有乙肝病毒的血液，或注射的针头被该病毒污染过，而通过肠胃传染的机会则相对其他类型的肝炎要少得多。

注射乙肝疫苗，就是使人在少量接触该病毒后，激发人体免疫系统产生抗体。当再次大量遇到乙肝病毒时，就会对之"排斥"，主动发起攻击。经检测，中国生产的乙肝疫苗无任何微生物污染，完全符合世界卫生组织关于应用传代细胞生产疫苗的要求。

除了中国外，20 世纪七八十年代，其他国家也在研制乙肝病毒。1979 年，法国巴斯德研究所的科学家布罗肖特利用基因工程，将分离出的可表达乙型肝炎病毒表面抗原的 DNA 片段，插入到大肠杆菌的质粒中，使其不断繁殖并表现出来，从而得到大量的此种 DNA 基因组，为乙肝疫苗的研制开辟了一条新途径。1981 年，美国医学科学家默克、夏皮和多尔米开始把研制的乙肝疫苗进行试验。美国食物和药物管理局肯定了这一成果。而在中国，由于乙肝病人为数众多，我国把研制乙肝疫苗作为一项医学研究重点项目，研制进程相对更快。1982 年，中国医学科学院研制出乙肝疫苗。1985 年 12 月，中国卫生部北京生物制品研究所和卫生部药品生物制品检定所合作研制成功乙型肝炎血源疫苗。1988 年 12 月，中国预防医学科学院病毒学研究所和卫生部长春生物制品研究所、药品生物制品检定所合作，把高纯度、高效、安全的乙肝疫苗成功地应用于人体。

20. 五笔字型：把中国带入信息时代

1983 年 10 月，中国一位名叫王永民的奇人创造发明了五笔字型汉字输入法，计算机汉字输入问题得到了根本性的解决。

现在，我们能够从从容容地坐在电脑前，十个手指头不停地敲着键盘，一分钟输入上百个汉字；现在，中国人可以和英国人、美国人一样，潇洒地用双手将自己祖国的文字输入电脑。这是一个奇迹。

这个奇迹的创造者就是王永民。王永民出生于河南一个农民家庭，自幼好学，1968 年毕业于中国科技大学无线电电子学系，1978 年自选课题研究汉字编码。历经多年坎坷，王永民才攻克了"汉字输入计算机"这一国际难题。1983 年 10 月，"五笔字型"输入法作为一项重要发明在郑州通过了省级鉴定。而当时正值有人因汉字难以方便输入电脑而提出要"改造汉字"的紧急关头，是王永民的"五笔输入法"挽救了汉字。

1983 年 12 月，王永民在河南南阳开办了全国第一个大型的汉字输入技术培训班，五笔字型开始走向全国。1987 年 5 月，五笔字型在美国获得专利，成为我国第一个获美国专利的中文电脑技术。当初世界第二大电脑公司美国 DEC 公司购买了五笔字型的专利使用权，从此五笔字型走向世界。

王永民在自述中说："从计算机软件的作用和影响来说，我的五笔字型和比尔·盖茨的 WINDOWS 都必不可少。如果五笔字型是产品，那我现在的财富也不比比尔·盖茨少多少。我这么说不是从财富上来比，而是从计算机软件的意义上来比。"从此番话中我们可以了解五笔字型的历史意义。这也是人们之所以把王永民视为"把中国带入信

息时代的人"的原因。如果没有五笔字型，计算机就可能无法在中国普及使用。五笔字型的发明是文字书写方式的伟大变革。

在 20 世纪 80 年代以前，为了使古老的汉字在电脑里杀出一条血路，人们已搞出了一千余种输入法，但没有一种可以与英文输入电脑的便捷相提并论，而五笔字型输入速度绝不亚于英文，甚至比英文还快。现在，中国 90% 的电脑用户都在用"五笔"输入汉字。

自从 1987 年美国 DEC 公司购买了五笔字型的专利使用权后，五笔字型不仅成了中国应用最广、装机最多的电脑汉字输入技术，甚至被国内绝大多数报纸、刊物、书籍乃至中文寻呼台所使用，而且还跨出了国门，进军世界上各种需要用中文的领域。

五笔字型在国际上的广泛影响，使王永民五次应邀赴联合国讲学，这种殊荣值得中国人骄傲。

21. 信息高速公路：新世纪的生存之道

1993 年，美国政府郑重其事地将信息高速公路列入了政府的建设计划。一时间，信息高速公路在全世界成为人们最感兴趣的话题。日本、加拿大及欧洲的发达国家马上决定加速建设信息高速公路。如今，信息高速公路的概念已被世界各国普遍接受。

信息高速公路是怎样被提上政府工作的议程的？1933 年初，美国总统克林顿提出了"国家信息基础建设计划"（即通常所说的信息高速公路计划），要将建设信息高速公路作为振兴美国经济的一项重要措施。

信息高速公路究竟是什么？简而言之，是指在政府、研究机构、大学、企业以及家庭之间，建立可以交流各种信息的大容量、高速率的通信网络，让各种各样的信息四通八达，将每个人都连在一起，并能提供你能想象得出的任何电子通信。其目的是：提供远距离的银行业务、教学、购物、纳税、聊天、玩游戏、电视会议、点播电影、医疗诊断等多种服务，使社会能更有效地交流信息，为发展经济创造有利条件。

信息高速公路真是个很形象的比喻。无论是文字信息、声音信息，还是图像信息或电视信息，在信息高速公路的网络中传送的速率都是极高的。举个例子，一部《不列颠百科全书》，通过信息高速公路，不到 5 秒钟就能够传送完毕。

亲爱的读者，让我们闭上眼睛来想象一下信息高速公路建成后，所能带给我们的崭新生活。举一个生活中的小事例：爸爸妈妈不一定要每天赶车去上班，只需坐到家里的一台与办公室联网的计算机前就可以开始办公；可以与相关的人会面，当面研究讨论问题；还可以召开电视会议，交换文件或是修改图纸。如果你生了病，不必上医院，医生可以通过信息高速公路来为你看病。想看报纸吗？哈！不用上街买报，你随时可以通过它选看当天的电子报刊，而且可以查找已经刊登过的文章和消息。看电视也跟过去不一样了，不必按规定的播放时间去看电视，可以在任何时间选看任何节目，包括电视、电影和现场录像。

信息高速公路能使我们现在的许多事情变得更加容易和方便。电视会议可以使家庭办公或电信传输变得简单实用。通知朋友们取消聚会时，不用再挨个儿打电话了，通过电子信箱一下子就解决了问题。利用软件还能从信息高速公路上收集世界各地报刊中你所感兴趣的东西，电子信箱则可以解决频繁与其他国家的人联系而又付不起电话费的问题。

专家们预言，信息高速公路是打开 21 新世纪大门的钥匙。这话，

应该没错。

22. "探路者"号：首访火星的使者

格林尼治时间 *1997* 年 *7* 月 *4* 日 *17* 时 *07* 分（北京时间 *7* 月 *5* 日 *1* 时 *07* 分），美国"探路者"号火星探测飞船成功地在火星着陆。科学家们相信，终有一天人类登上火星将不仅仅是梦想，也许只有到那时，火星上的生命之谜才能最后找到答案。

价值 *1.25* 亿美元的"探路者"经过长达 *7* 个月的 *4.97* 亿千米的飞行到达火星。它此次在火星的着陆地点阿瑞斯平原，是美国航空航天局的专家们精心选择的。阿瑞斯平原地势平坦，光线充足，既利于"探路者"的行走，也有助于拍摄清晰的照片。更重要的是，专家们认为布满鹅卵石的阿瑞斯平原很可能是火星上某条古老河流的河口，如果最终能证明平原上确实存在水，那么火星"探路者"此行也许能够找到火星上生命的一些蛛丝马迹。

由于着陆地点正好在火星背对地球的一面，美国宇航局在"探路者"着陆几分钟后才收到了它发回地球的微弱信号。

经过一系列近乎完美的高难动作，"探路者"按照预定时间完成了着地程序。降落伞成功地将"探路者"进入大气层时高达 *26460* 千米的时速降了下来。

"探路者"上惟一的"乘客"是六轮小机器人"索杰纳"。长 *0.6* 米、宽 *0.45* 米、高 *0.3* 米的这一车状机器人是根据 *19* 世纪美国废奴主义者索杰纳·特鲁斯的名字命名的，是迄今人类派出的第一位能够在火星上行走的"使者"。它的主要工作是用它的三个摄像机拍摄图像，并用分光仪对表面岩石的化学成分进行分析。它在一个月内传回了大量有

关火星表面和火星大气成分的数据资料。作为第一个在火星着陆的人类探测器，"探路者"除了对火星表面进行研究之外，还肩负着测试地面遥控系统，为人类下一次登陆火星探路选址的任务。

按照美国航空航天局的计划，探测器的"寿命"为30天。但事实上，至9月27日与地球失去联系为止，它的运作时间达到近3个月。在这段时间内，探测器共向地球发回了26亿比特的信息量，其中包括16550张彩色全景照片，15分土壤和岩石化学成分分析结果和大量有关火星气候、风力、风向等测试数据。人们发现火星上的岩石成分同地球很相似，这与原来人们设想的不同。从传回的照片中还发现了火星曾经存在液态水的最新证据。

现在，科学家们认为再下一步就可考虑让人登上火星去实地考察了。这是火星考察将步入的最困难的阶段。因为火星距离地球实在太遥远了，载人飞船登临火星远比登月复杂得多。从仰望火星到登陆火星，这一步对宇宙来说很小很小，对人类却是非常重要和伟大，因此，必定会有更多的人志愿献身于这项工作。

23. 人机对弈：挑战人类自我

1997年5月11日，从纽约传来消息，在历时9天的总共6局比赛中，IBM超级计算机"深蓝"以两胜、三平、一负的成绩，战胜了国际象棋大师卡斯帕罗夫。这次人机大战在全世界引起了不同的反响。但从根本上说，"深蓝"的胜利，也是人类智慧的胜利。

国际象棋世界冠军卡斯帕罗夫是在具有决定性的第六盘比赛中输给"深蓝"的。

"深蓝"的开局显然迷惑了卡斯帕罗夫，"深蓝"仅用了一个小时多一点的时间就使这位自 1985 年以来一直称霸世界棋坛的俄罗斯人陷入了无法防守的境地。34 岁的卡斯帕罗夫在下了 19 手之后就不得不承认失败。

这场比赛吸引了大批观众。他们每人付了 25 美元到设在纽约曼哈顿一座摩天大楼内一层的现场观看比赛。在现场对观众挂盘解说的大师瓦尔沃兴奋地说："这是计算机同卡斯帕罗夫下得最出色的一盘。"帮助"深蓝"研制小组设计软件的美国特级大师本杰明也说："我感觉好极了。我认为任何特级大师都愿意同计算机下一手了，因为这不是计算机僵硬的棋路，而是真正人的思路。"

作为 IBM 公司研制的超级计算机，"深蓝"重 1.4 吨，有 32 个节点，每个节点有 8 块专门为国际象棋对弈设计的处理器，平均运算速度为每秒 200 万步。总计 256 块处理器集成在"深蓝"的并行计算系统中，从而使它拥有每秒钟能算出 2 亿个棋步的惊人速度。

"深蓝"的胜利为 IBM 工作小组赢得了 70 万美元的奖金，卡斯帕罗夫也获得了 40 万美元收入。卡斯帕罗夫在 11 日失利后并不服气，他说："计算机并没能证明任何东西。"他认为，和人类棋手相比，"深蓝"具有天然的弱点，它对特定的特别复杂的局面的分析能力不足，也没有人类棋手对棋局的理解深刻。他向 IBM 公司提出今后要与"深蓝"再决雌雄。

富有戏剧性的是，IBM 公司的一位发言人于 1997 年 9 月 23 日宣布，几个月前因一举击败世界冠军卡斯帕罗夫而创造了历史性胜利的"深蓝"计算机已经完成了使命而"正式退役"。

这位发言人说，一个名叫"小深蓝"的超级计算机将继承"深蓝"的事业，继续在美国和世界各地进行表演比赛。但是他们没有考虑让它与卡斯帕罗夫再进行一次比赛，他们现在最想做的是转入其他领域进行挑战。

　　这场人机大战在全世界引起的反响是各色各样的。有人担心地说："我们从此不得不认真地思考人与计算机的关系。"而 IBM 公司这样解释进行这场人机大战的目的："这次活动既是国际象棋比赛，也是一个研究项目，旨在让计算机从事复杂的同步运算，以应用于天气预报、空中交通管制和分子动力学研究领域。"绝大多数的科学家认为，"深蓝"的胜利，标志着计算机技术又上了一个新台阶；"深蓝"的胜利，从根本上讲是人类智慧的胜利。人类，永远走在电脑的前面。

第三章

学生新型科技生活的体验

1. 人造食品与合成食品

据统计，全世界每年消耗的粮食总计达 12 亿吨，这等于在赤道上用粮食铺成一条宽 17 米、厚 1.8 米的环球公路。而且，人口的增长，又使这条"粮食公路"每年延长 1000 公里。这使人类面临食品短缺的严重局面。面对这一挑战，人类正在一方面控制人口，另一方面努力寻找食品的新来源——人造食品。

通过非农业途径生产单细胞蛋白，是解决人类对蛋白质需求的办法之一。单细胞蛋白，俗称"人造肉"，是一种微生物食品。微生物大多是单细胞，是核酸和蛋白质的实体。用发酵法生产这种单细胞微生物就可以得到极为丰富的单细胞蛋白。微生物的繁殖速度惊人，500 公斤的活菌体，在合适的条件下，一昼夜可生产 1250 公斤的单细胞蛋白；而一头体重 500 公斤的牛，每天只能合成 0.5 公斤的蛋白质。

"人造肉"的主要成分是蛋白质、脂肪、糖类、维生素和矿物质，营养价值可与牛奶、鸡蛋媲美。1 吨微生物蛋白的营养价值，抵得上 2.1 吨精肉或 3 吨鸡蛋或 12 吨牛奶。它既可以做食品，也可以做饲料。

藻类是微生物世界的佼佼者，它可以像高等植物一样以二氧化碳为养分在太阳光下进行光合作用，但生长速度比高等植物快几十倍。一亩地大小的湖泊中收获的藻粉，折合成浓缩蛋白，相当于 5 吨大豆，这为人类利用空气、水分和阳光制造粮食展示了广阔的前景。

将来走上餐桌的还有合成食品，它是利用遗传变异微生物或固定基酶制造出来的食物，与天然食品没有两样。还可以利用变异的真菌和酵母菌，把人们不爱吃的食物变成美食家所乐道的食品。比如，人

们可以像处理合成纤维一样，把真菌生产出的菌丝按照某种纹理结构纺织、编结、成型，这样，就可以指定生产某种特殊的食品，如牛腿、牛里脊、牛肝、牛筋等。英国已把合成的牛肉食品推广到市场，供应合成牛肉汉堡包和冻"牛肉"馅。

2. 久藏不腐的辐照食品

这是一种用放射线辐照处理过的食品，它可以在没有冷冻条件下贮存很长时间。美国曾上市一种用银箔包装的肉食，是专门为宇航员准备的带汁的鸡肉、牛肉和瘦猪肉，整整存放了六年之久，可是食品的色泽、香味、味道和营养如同新鲜的一样。

食品进行辐照处理时，要先把食品装入多层塑料薄膜袋中，并用真空泵抽出袋中的空气。然后放入液氮中降温冷却。这样做是为了尽量减少在以后处理中食品色泽、味道、肉质和营养成分的损失。

辐照处理是放在 1.8 米厚墙壁围成的巨大房间里进行的。常用的射线有伽玛射线和电子束。伽玛射线能使电子从食物分子或原子结构逸出，造成新离子。新产生的离子和细菌、霉菌或其他的虫卵中的蛋白质起反应，从而杀死这些微生物和虫卵，或者阻止它们生长。同时还能杀死病原体和引起肠胃病的细菌。

用不同的照射剂量，可得到不同的效果。小剂量照射，一般用来抑制植物发芽和过度成熟，以及用来杀灭病原和寄生虫等。中等剂量的照射多用于肉类、鸡蛋、鱼类、贝类、果品、蔬菜等延长保存期，杀灭沙门氏菌。大剂量的照射目的是完全灭菌，如极低温冷冻的肉类、鱼类、腊肉等。

食品辐照的用途极为广泛。蔬菜经过辐照处理后，可抑制腐烂，

延长贮存期，延缓后熟期等，为淡季提供更多的蔬菜品种。肉类的辐照灭菌，可延长储存期和保鲜。香蕉、荔枝、柑桔等水果经射线辐照后，可延缓成熟过程，经长途运输而不腐烂变质。各种名酒用射线辐照处理，可以加速陈酿过程，提高品质，从而增加产量。

辐照食品不仅能在常温下久存，节省很多电能，安全性好，不带药物残余，不影响质量，而且能改进食品品质，是未来军事、医疗、旅游和野外工作者的理想食品。

3. 未来世界食品如何保鲜

低温可以使食品细胞的呼吸作用减缓或停止，阻止进一步成熟或衰老。冰箱就是利用这一原理使食品保鲜的。这种方法称为冷藏保鲜技术。

但是，一些叶类蔬菜往往在 0℃ 左右就会变味，西红柿、黄瓜在 7℃ 以下就会褪色，出现褶皱、斑痕，如果再放回到较高的温度中就会腐烂。为了解决这个问题，科学家发明了气调塑料包装技术。

气调塑料包装是将食品封入装有一定气体的塑料薄膜袋内，并调节好密封塑料包装内的气体浓度，使它恰好能够维持食品组织的有限呼吸。袋内的食品既不致成熟、衰老，也不会发生无氧呼吸而发酵。经过实验，青椒在含 3% 氧气和 3% 二氧化碳气的塑料薄膜包袋内可保鲜三星期；半成熟的西红柿贮藏两周后，再打开包装仍然可以继续成熟。气调塑料包装也适用于鱼、肉等加工品，可使它们保持十足的鲜味和诱人的颜色。

国内外市场上已出现一种小包装速冻食品，它是采用快速流态冻结新技术制成的，这是继气调塑料包装技术之后发明的又一新技术。

食品在流态冻结过程中，先冻结外壳，再全部冻结。如果食品需要久存，只要送到喷水管下喷水，使食品表面结成薄膜，防止干耗氧化，然后再包装贮存。

灭菌，是食品保鲜贮藏中一道重要的工序。传统的食品罐头一般是先包装再灭菌，这种技术将被无菌包装所代替。无菌包装是将超高温灭菌的食品，在无菌状态下装封在无菌的包装容器中，它可以最大限度地保存食品原有的营养成分、组织结构、色香味等。无菌包装的番茄汁，其中维生素 C 保存率达 91—98%，而制成普通罐头，维生素 C 保存率仅为 59—67%。

除加热灭菌外，微波灭菌是更先进的技术。它可以对塑料薄膜包装、纸盒包装的食品组织内部进行均匀、迅速的加热，破坏食品中微生物的蛋白质及其他成分，起到杀菌作用。

4. 未来的炊具

未来的炊具可以随身携带，它们不仅小巧，使用方便，而且人们不必为找不到能源而忧虑。比如，一只加盖的杯子就是一个小型加热器。只要一拉杯子外面的手柄，杯子里面的咖啡、鸡汤等就会立即被加热，人们可以直接用杯子喝热咖啡、热汤，绝不会烫嘴，因为杯子的绝缘性能极好。

杯子加热的秘密，全在杯子底部底层内壁和外壁之间装有一种固态的化学药品和一颗充满液体的胶囊。当你一拉外面的手柄时，胶囊就破裂，两种化学药品混在一起，随即发生反应，产生的热量可以将杯子内的水烧开，煮咖啡、热汤或加热其他已烧制好的半成品的菜肴。这种加热杯是一次性的，吃完后扔掉杯子就行了。

根据类似的道理，可以制成饮料速冻罐。它是类似现在"易拉罐"的标准铝制罐头，里面有一个极小的冷冻装置，其中装有少量的高压液体。如果扳起盖子，高压液体就会自动蒸发，但化学药品丝毫不会接触饮料。90秒钟后，饮料的温度就会下降到1～2℃人们可以立即喝到清凉可口的饮料。

5. 未来世界的饮用水

世界上有许多国家和海岛的人，生活在无尽的海水包围之中，却往往遭受无水之苦。

地球上97%的水都集中在海洋里，然而，海水既不能供人饮用，也不能直接应用。人饮用水的含盐量不得超过0.05%，海水的平均含盐量却为3.5%。用海水灌溉农田，农作物将被"咸死"；用锅炉烧海水，锅炉内壁会结成厚厚的锅垢，影响传热，甚至会引起爆炸。

科学的发展，为人类提供了淡化海水的可能性。现在常用的淡化海水的方法有蒸馏淡化法和太阳能淡化法，但蒸馏淡化法耗电量极大，成本很高，每吨水比普通自来水高几十倍，再加上长途运输和损耗，居民喝到的淡水每吨最高成本比石油还贵。阿拉伯半岛上的石油国靠着他们生产石油的雄厚实力，才有可能发展海水淡化工程，圆满解决用水问题。

未来海水淡化将向简便、低廉的方向发展，太阳能、原子能将被广泛用作淡化海水的能源。适用于远洋轮船、渔船和野外勘察队的小型淡化器将会产生，淡化海水的方法也会随着科学的发展不断改进。比如，使过滤的海水通过高压下的特制薄膜，析离全部盐分，剩下的净水进入贮水池，即可饮用。这种逆渗透式淡化法工艺流程简单，耗

能很少，是今后淡化海水的方向。

此外，还有人正在研制仿鱼鳃的淡化器。海鱼生活在咸水中，为何鱼肉不咸呢？人们发现鱼鳃有"氯化物分泌细胞"那样的特殊组织。它像过滤器一样，将海水变为淡水供给体内需要。仿鱼鳃海水淡化器的研制已经取得了初步成果。

6. 未来农业提供的食品

人造种子

农业生产都要在作物成熟时选择优良的果实作为种子。这种传统的选种方式有两个弊端。一是在几代选择后，种子性能会发生退化；二是数量不足。现在，科学家已经找到一种人工合成种子的方法，一旦实践成功，可望解决上述弊端。

世界上第一批人造种子已由法国农业专家研制出来，其中有小麦、水稻、苜蓿、胡萝卜和山茶等。这些人造种子和天然种子不同。天然种子形状各异如大豆种子是圆形的，小麦种子是纺锤形的，而人造种子都是球体胶囊，形状像蛙卵。不过，把它们播种到地里，都可以生根、发芽，生长成正常的作物。

人工制造种子，首先要筛选秧苗，从原来作物的植株上选切一块组织切片，然后把切片置入事先注满营养液的培养试管中。经过快速的无性繁殖，原植物的细胞发育成胚胎——种子，就可用于播种。

用人造种子繁育农作物，可以避免后代性能的退化。因为人造种子的优选非常方便，只要在优良的植株上切下一小片组织就可以了。这一小片组织细胞，经过营养液培养，就成为后代植物取之不尽用之不竭的种子源泉。由于培养的是优良品种，所以可以大大提高作物的

产量。

现在，防治农作物的病虫害，主要靠使用大量的农药，虽然有一定效果，但也造成了环境污染。人造种子经过处理，可以消除种子上的病毒和细菌，还可以直接在培养箱中做专门的预防接种处理，这就从根本上提高了作物的防病、抗病能力。

人造种子还可制成具有不同功能的作物的品种。如现在的小麦，做面条、制面包都是同一种。将来生产的小麦就有不同的使用目的，有的专做面条，有的制成面包，还有的供牲口用等等。每种用途都是根据小麦的不同特性，如蛋白质的含量、含糖量和各种维生素的含量而定的。

生产副食的农业工厂

这个工厂可以生产蔬菜、瓜果、药材和花卉等植物，所以称为"农业工厂"。

农业工厂全然不像农场和温室，它不用土壤种植，不需露天和耕耘。它很像现代化工厂，幢幢厂房内设有自动生产线，它们上下不停地循环、转动，生产秩序井然。从播种到收获，全采用电子计算机自动控制，光线、温度、湿度、肥力和二氧化碳浓度等都根据不同植物作适当调节，因此，不用"靠天吃饭"，天南地北的作用，不论东北的大豆、南方的榨菜、北京的西红柿、新疆的哈密瓜等，都可以在同一农业工厂中生产出来，而且按人们需要来生产。

农业工厂的生产流水线可以是立体的，蔬菜生产线的上层生产莴笋，莴笋上面可再生产瓜果，不受土地和光照的限制。因为玻璃厂房里用阳光和高压纳灯相结合的方法进行光照，甚至还可以直接给植物"注射"某种激素和它们所缺少的微量元素，使植株长得又快又好，比起田野的栽培植物成熟期要快十几倍。

农业工厂的厂房分成六个作业区。先是将种子播在铺有木屑和肥料的培育盘中，在没有窗户和照明的温室里发芽。等长出小芽后，被

传送带送入玻璃温室。经过光照、根部加压、温度控制、气氛控制等栽培管理，第六天，蔬菜走完温室全程离开传送带到收获区时，已经长成翠绿的嫩菜，就可包装上市，供人们食用。这样，可以天天有播种，天天有收获，常年供应各种新鲜蔬菜和瓜果。

农业工厂所用的"肥料"是多种营养液，它不使用任何农药、除草剂和消毒剂，连空气也是经过严格过滤后通入的，因此不用担心农药中毒，也无需用水冲洗，而且生产的植物营养很丰富，外观诱人。

农业工厂的生产可以不受地点和气候条件的影响，人们可以在居民聚居区、旅馆、饭店、食品厂及超级市场附近建设，专门生产各自需要的作物。

7. 人工脏器的开发

1963 年，美国的哈代大夫进行了临床上第一例肺移植。直到 80 年代初，全世界仅进行过 40 例肺移植，其中仅有 1 例患者离开医院，创造了肺移植后存活的最长纪录——令临床大夫们垂头丧气的 10 个月！与其他脏器移植相比，肺移植一直处于令人绝望的低潮！直到 80 年代环孢霉素应用于临床，才使肺移植迅速发展起来。目前，肺移植已成为肺衰竭终末期治疗的主要手段。全世界现已完成了 5000 多例肺移植，1 年成活率超过 70%，5 年成活率达 55% 左右。双肺移植、心肺联合移植也有很大的进展。

尽管如此，肺移植仍远远落后于其他脏器的移植。供移植用的肺仅是可供移植的心脏来源的 10% ~ 15%，供肺的严重缺乏是肺移植广泛开展的主要障碍，因为：①肺极易感染：肺是直接与外界空气相通的器官，在从供者身上切除供肺到把供肺植入受者体内过程中，空气中的病毒、细菌等已在肺内大量繁殖；②肺极易受损：供肺切除后，稍不谨慎，即会形成肺水肿，完全丧失气体交换功能；③供肺保存困难：目前最好的保存液可保存肾脏 70 小时，而肺仅能保存 30 小时。

人工呼吸机已有 80 多年历史，其在临床上的应用已相当普遍，但这种机器仅起到把空气压入肺内的作用，而肺的真正作用是让空气中的氧弥散到血液中，同时又使血液中的二氧化碳释放到肺内，所以，肺的换气功能是和血液系统密切联系在一起的，人工呼吸机绝不是具有使静脉血变成动脉血的人工肺。事实上，人工肺也并不复杂，为了配合心脏外科手术的需要，50 年代已设计出来的"体外循环机"，就包含了一颗大的人工心脏和一个大的人工肺。相信有一天，医学生物工程学专家一定能设计出可植入人体内的人工肺。

1922 年，巴汀·伯斯特发现了胰岛素，即胰腺的 B 细胞分泌的一种调节血糖水平的激素。随着认识水平的发展及医学科学的进步，人们逐步意识到临床上存在一种以胰岛素不足为核心环节的疾病——I 型糖尿病。该病以糖代谢、脂代谢、蛋白质代谢的严重紊乱为病理生理基础，以全身大动脉、微动脉为靶器官，最终引起肾脏、心脏、眼睛、大脑等多器官的严重疾病发生。自然，除了按时补充胰岛素治疗该病外，外科大夫又把目光瞄准了胰腺移植。与其他脏器移植一样，由于排斥反应，胰腺移植在六七十年代效果并不理想，发展缓慢。直到 80 年代环孢霉素应用以来，才带动了胰腺移植的巨大发展。目前，人类已完成了约 7000 例，1 年存活率已达 80% 以上。

小肠移植：由于具有丰富的集合和孤立淋巴滤泡，内含大量能参与排斥反应的淋巴细胞，移植后的小肠不易成活，所以，小肠移植一向被视为器官移植的"禁区"。加之，肠道有强大的吸收储备，对一个人而言，即使因某种病被切除掉几十厘米的肠段，并不会明显影响肠道对营养物质的吸收，而且，即使肠道功能已完全丧失，可以通过全静脉营养使患者长期存活。因此，长期以来临床上很少进行小肠移

植。直到 80 年代，由于环孢霉素的广泛应用，小肠移植才又发展起来。目前人类共进行了 300 多例小肠移植，最成功的 1 例移植的小肠活了 211 天。

甲状旁腺移植：任何原因的甲状旁腺功能低下，引起全身钙、磷代谢障碍时，均可进行甲状旁腺移植。此种腺体移植排斥反应小，成功率高，手术简单易行，但供移植的腺体来源有限。

其他：肾上腺的移植用于治疗肾上腺皮质功能低下，胰岛移植用于治疗 A1 型糖尿病等移植术正处于积极的探索和日益成熟之中。

在过去的 30 年间，外科医学领域不断取得新成就，时至今日，除大脑外，几乎所有人体主要器官均可成功移植。然而外科手术能否真正延缓濒临死亡的患者的生命，还取决于所移植的器官是否受患者本身免疫系统的排斥。

由于这种免疫排斥的现象极难避免，因而绝大多数患者在接受器官移植后，仍需长期甚至终生服用类固醇之类的免疫抑制药物，以增加存活的机会。然而，长期服用免疫抑制药物会导致种种后果严重的并发症，因而大大削弱了器官移植的医疗效果。

美国外科医学研究者以白鼠为实验对象，曾利用一种免疫方法先将所需移植器官组织的小部分注入接受移植的白鼠体内，然后在数日后，再将所需移植的整个器官或组织移植给白鼠。结果，在毋需药物的协助下，白鼠体内的移植器官安然存活，而且无免疫排斥现象。

上述的免疫方法是根据近年一项新兴的免疫训练概念发展而成的。近年来，有些免疫学家认为，人体免疫细胞的敌我辨认能力似乎来自胸腺的训练及督导。如果这一概念正确，而移植组织或细胞又能先与胸腺相处一段时间，那么胸腺将能训练免疫细胞使之视移植组织如本身组织而不予以排斥。

为证明上述概念可行，美国宾夕法尼亚大学外科学家贝克尔率先以患有胰岛素依赖型糖尿病的白鼠为实验对象，先在移植前将少量的

健康胰脏细胞注入病鼠胸腺之内，数日后再将大量健康胰脏组织移植给病鼠。结果，在移植后除接受过一次抗淋巴细胞的注射外，白鼠体内血糖恢复正常，显示移植其体内的胰腺组织并未受到免疫排斥，而且能像平常一样分泌所需胰岛素。

意大利科学家罗慕西曾利用上述方法在白鼠体内实验，进行了完整器官——肾脏的移植。在手术前他先将移植肾脏的部分组织注射到白鼠胸腺内，10天后罗慕西将整个肾脏移植到白鼠体内。移植后，白鼠体内肾脏功能正常，不使用抑制免疫剂，也未出现免疫排斥现象。

目前，人类肾脏的移植能否使接受者获得较长的存活期，完全取决于移植器官能否借药物的帮助不被排斥。如果上述免疫训练法日后被应用于人类的器官移植，则无疑是器官移植外科上的一项重大突破。

8. 太空食品

太空中所有的物品都失去了重量，变得可以随处飞扬，好像空气一样。这样，宇航员就不能像地球上那样可以随时取食，轻松地嚼咽，不然就会因食物不能下咽而卡在食道中间，危及生命。因此，科学家在研制宇宙飞船的同时，也研究制造太空食品。

经过许多次的太空实践，科学家发现，太空食品要求营养丰富、卫生、进食方便。

现在供宇航员食用的食品，种类繁多，不仅有新鲜的面包、水果、巧克力，也有装在太空食品盒里的炒菜、肉丸等，还有番茄酱等调味品。这些食品大多是高度浓缩的、流质状的。所以，宇航员吃饭时，只要"飘游"到厨房内，向食品盒注入一定的水，进行加热，然后就可以像挤牙膏似的把食物挤进嘴里美餐一顿。当然，如果要吃花生米类硬颗粒状食物，那就不能直接往嘴里送，否则会塞到鼻孔里。比较稳妥的办法是让花生米在空中飘着，然后张大嘴去捕捉。

因为太空食品具有进食量少、发热量高、营养极其丰富的特点，所以日本首先研制了这种常用太空食品，供地球上使用。新开发的常用太空食品有两种。一种是流质的，叫"营养补液"，专供医院病人用，进食时用一根一定直径的细管通人胃里，直接给食，比静脉点滴的效果还好。另一种是固体的"高浓缩营养胶囊"。这种外形像胶囊的太空食品，可以根据不同人的需要来制造。这种太空食品现在主要供病人、偏食的幼儿、饮食不规律的体弱者以及营养不足的运动员用，将来会成为人类最方便、营养价值最高的食品。

9. 药物食品

中医学自古就有"药食同源"之说，许多中药既是药品，也是很好的食品。随着近代化学药物的大量使用，药物的毒副作用逐渐被人们所认识。为了克服药物的毒副作用，减少或避免医源性疾病的发生，人们开始开发能代替药物的食品，到了21世纪能代替药物的食品将走进千家万户。

可使人聪明的食品。人脑的发育与饮食营养有着密切的关系，血脑屏障对药物进入人脑有一定的选择性。前人经过多年的积累发现，食物能够影响人的健康，不同体质的人对饮食的要求不同，长期食用某种食物会使人身产生一些不适的反映，有的食物还可以影响大脑。中医学著作《食疗本草》讲的就是如何利用食物治疗疾病。其中有些药性植物可做成食品，健脑益智作用很强，如刺五加皮、人参、黄精等。人们可以通过进食某种特殊的食物，来改善人的记忆力，增强学习能力。按照时间生物学的观点，人的精力以上午最强，于是，就设计一种早餐，唤起人们的注意力，提高人的创造力和分析力。含有某些促进神经活动的药物食品，能够按照人的意愿，使它对大脑的某一部位在特定的时间内产生效果。

促进睡眠的食物，高速发展的社会，大量可处理信息资料，使人们的大脑得不到充分的休息，睡眠障碍的患者将明显增多。到了就寝时间，吃点什么食物或饮料会使人引起睡意呢？酒虽然可以促进睡眠，但过多的饮用会引起酒精性肝炎脂肪肝和肝硬化。当然会有更好的食物或饮料会改善人的睡眠。γ－氨基丁酸（GABA），如果人们能够使用促进神经递质增加的物质，或前体（如色胺酸）等，或存在于食物中的促眠物质，将会通过某种途径，作用于人的大脑某一区域，从而使人很快入睡，且不影响睡眠——觉醒周期。这不仅适合于正常人，对精神病患者也非常有益。

戒毒食品。吗啡、可卡因、古可碱等都是能作用于大脑并影响大脑功能的毒品。长期吸毒的人，戒毒往往是很困难的，除了强制性的手段外，解毒药物也会有一定的副作用，要让那些吸毒的"瘾君子"回到社会，开发一种能逐渐解毒的食品或饮料，是非常重要的。阻断药物对大脑的作用，促进毒物从汗、尿、便中排出，食物当然是最好的。

改善时差不适和轮班不适的食品。经常乘飞机出国或长期倒班的人们，时差和倒班带来的不适常困扰着人们，尽管飞机上的饮品或工作餐会对人们有所安慰，而要重新拨动人的生物钟，最好的办法是睡觉。服用营养素，或含有某些中药成分的食品，将给经常外出的人带来舒适。

10. 超高压食品

食品贮存技术越来越受到人们的重视，一些行之有效的方法，如风干法、冷冻法、罐头封装法等，都会使食品的鲜味受到不同程度的损害。现在出现了一种具有划时代意义的食品保存技术，就是超高压加工法，加工的食品为超高压食品。

超高压加工就是把食品置于数千个大气压之中，在不损害食品材料本质的情况下对其进行调合、加工、杀菌。食品材料、在超高压环境中，淀粉变成糊状，蛋白质变成凝胶状，类似蜂蜜。虽然淀粉和蛋白质失去了本来的面目，变得表面发光、质地细腻，但色香味都不失原有风味。对新鲜的鳕鱼加 4000 个大气压，就能变成新鲜鱼糕。把水果和砂糖装入塑料袋中，加高压能制成果酱。超高压加工食品，还会产生奇特的效果，比如对陈米加 1000 个大气压，它便具有新米的味道。

超高压食品不但无菌，保鲜时间长，而且还能使食品增添附加价值，成为人们理想的食品。

11. 器官移植

肾脏移植开创了人类历史上器官移植的先河，是器官移植的范例。自 1952 年米雄大夫开始首例人体肾移植以来，目前人类已进行了 20 万例左右肾移植，5 年存活率超过 80% 以上。

正如家中的"下水道"是用于排除各种污水的装置一样，肾脏在人体内也起"下水道"的作用。其主要生理功能是清除人体血液内的各种有害的代谢废物和毒物，一旦此"下水道"的功能已不可逆地丧失，人体的毒物和废物将急剧堆积，患者最终死于"尿毒症"。

随着肾移植术的不断发展，目前认为：任何原因的肾脏疾病，发展到不可逆性肾功能衰竭阶段后，若患者其他脏器功能良好，均应进行肾移植。在肾功能已衰竭后及移植的肾脏恢复功能前，一种叫人工肾的机器可完全代替肾脏的功能，即定期把患者的血液引入人工肾，由人工肾清除了血液内的毒物后，再将已净化后的血液重新注入患者体内。目前，人工肾不但可以完全取代肾脏，而且已成为由于各种原因（如缺少手术费用、缺少可用于移植的肾脏等）不能进行肾移植的患者维持生命、长期生存的一项措施。遗憾的是，一台几百千克重的、插满各种管道的机器，现在暂不能植入体内。因此，要想让不可逆性肾功能衰竭的患者像正常人一样学习、工作、生活，必须进行肾移植。

目前，据估计我国每 100 万人口中就有 100 多名终末期的患者需要肾移植，那么，想一想，我国 12 亿多人口中，大约有多少正挣扎在死亡线上等待肾移植的患者呢？须知，由于肾脏来源有限及患者经费不足，我国目前最多能进行 3000 例左右肾移植。器官来源不足，这也是当今极少数犯罪分子要偷器官的原因。肾移植面临的第二个问题是：为了防止肾移植后强烈排斥反应，需长期应用抑制排斥反应的药物——免疫抑制剂，而强有力的免疫抑制剂的应用，同时又抑制了机体对产生肿瘤细胞的"免疫监视作用"，因此，5～10 年后，恶性肿瘤的发生率较高。

对策：第一，用早产儿死后的肾脏，不但增加了肾脏的来源，也减轻了排斥反应；第二，加强开发可植入体内的人工肾。

1967 年 12 月，南非开普敦市某医院，一位 52 岁的犹太商人因各种治疗无效已进入心力衰竭的终末期，患者、大夫、护士似乎都在等待着"死亡之神"的降临；同时，一个 22 岁的姑娘因车祸造成的严

重脑外伤，不可避免地走向死亡。这两件事时间上的巧合，加上该医院先进的设备和力量，年轻的巴纳德大夫果断决定：把因脑外伤而死亡的姑娘完好的心脏移植到犹太商人身上！由于双方家属的同意与支持，人类翻开了向"死亡之神"挑战的新篇章……术后，患者尽管因强烈的排斥反应和感染而死亡，但首例心脏移植毕竟是医学史上一个重大进展。随后1年内，世界各地进行了约100例心脏移植，患者都因强烈的排斥反应或严重的感染很快死亡，心脏移植跌入低谷。

直到1978年，新一代强有力的免疫抑制剂环孢霉素问世后，才又把心脏及其他各大脏器的移植再次推向一个新的高度：到1991年，全世界216个医疗中心共完成了18000多例心脏移植，仅1990年1年，全世界就完成了3054例心脏移植。目前，全世界心脏移植估计已完成了40000例以上，1年成活率已接近90%，5年成活率已超过75%。

心脏是一个时刻都在搏动的器官，它的主要生理功能和一台水泵完全一样：即源源不断地把血液"泵"入机体的各个组织和器官。若心脏的"泵"血能力不足，不能满足各组织、脏器代谢水平的需要，则称为泵衰竭或心衰；若心脏一旦停搏，只需几分钟，脑组织将出现不可逆性死亡，意味着生命的终结。而许许多多心脏手术的前提是：心脏必须完全停止搏动。道理很简单，手术刀无法在一颗跳动着的心脏上准确地切开一条大夫们所需的切口；任何大夫也无法在不断跳动着的心脏上进行精细的外科手术操作。那么，怎样解决上述矛盾呢？事实上，在使心脏停搏前，一种叫"体外循环机"的机器已代替了心脏的泵血功能，从广义上讲，这种"体外循环机"就包含了一颗大的"机械心脏"，由它暂时泵血到各个器官，在整个心脏手术过程中，泵血功能得以延续。

那么，有没有更微小的人工心脏呢？

1982年12月2日，世界各国心脏科大夫都屏住了呼吸，把目光聚焦于美国某医院：一中年人因意外的车祸，心脏受到了严重的损害，

患者生命垂危。由于患者其他脏器完好，医疗小组决定：给该患者植入一台名叫"贾维克7型"的人工心脏！术毕，"贾维克7型"开始进入工作状态，患者情况逐渐好转，开始靠这台人工心脏维持生命。世界各地的大夫们惊呼："这是现代医学的胜利！""各种微型化的人工脏器在不久的将来一定会纷纷进入人体！"

然而，10多天后，患者开始出现肾功能衰竭，随着时间的推移，肺、肝等多器官功能也开始衰竭，术后第112天，患者死亡。在这112天中，"贾维克7型"人工心脏正常搏动了1300多万次！它以事实证明：人工心脏是完全能代替心脏的！尽管"贾维克7型"的一部分——推动血液的气泵始终是放在体外，是靠几根管子和体内的人工心脏连在一起的，但我们已有理由相信，体积仅有拳头大的人工心脏，一定会很快进入人体。目前，在德国的一些大的心脏中心，一些原本是只能长期卧床的严重的心脏疾病患者，已能背着一个比肥皂盒大2倍的人工心脏在病房的楼道内四处跑动。理所当然，临床大夫下一步的目标就是：将体积进一步缩小的人工心脏植入患者体内，使患者能像正常人一样外出活动。

同种异体原位移植术自1963年成功地应用于临床以来，经过30年的积累，取得了十分瞩目的成就。截至1992年底，全世界共有157个肝移植中心，1990、1991、1992三年中共完成肝移植手术26371例，其中美国的74个中心共完成15842例，其他国家的83个中心共完成10529例，3年完成率稳定在70%左右。其适应对象包括各种原因引起的肝脏损害。在这些中心里，肝移植也和腹部其他大手术一样成为常规手术，救治了大批以往无法救治的病人，并有许多精彩的记录。

到1992年底，术后成活11年以上的42例，其中1例术后已存活22年11个月，各项检查都正常。这中间有29例是由美国丹佛城的科罗拉多大学医学院完成的，有8例是由荷兰、英国、德国的医生完成的。他们中最大的受术者76岁，最年轻的受术者是出生后12天，最

瘦小的接受者是位 *4* 个月的婴儿，体重只 *2.5* 千克。他们中不用免疫抑制剂长期成活的有 *6* 例，现已分别存活 *13* 年、*11* 年、*10* 年、*7* 年（*2* 例）、*5* 年。

第一例爆发型乙型肝炎孕妇于 *1989* 年 *8* 月完成肝移植后顺产一婴孩并于 *3* 年半后又生产第二胎。第一例天门冬琥珀酰合成酶缺乏病人，于 *1988* 年 *2* 月被成功施行肝移植术，术后肝功能良好（由美国匹茨堡大学医学院完成）。第一例劈开肝脏将活体右肝移植于一位 *63* 岁女病人，并存活良好的病例，是由德国医生完成的。

已成活 *8* 年 *5* 个月状况良好的、存活时间最长的联合肝肾移植，是由美国匹茨堡大学医学院在 *1984* 年 *7* 月 *22* 日完成的。

首例成功的肝胰联合移植术，也是美国匹茨堡大学于 *1988* 年 *7* 月 *1* 日为一位 *45* 岁的男性完成的。

异种或同种异基因器官移植后，受者的免疫排斥反应是人类自然保护的生物本能，而为了去除病灶，延续生命，在接受器官移植术后应用药物抑制这种本能，求得植入器官的长期成活，仍是移植医学中需要深入探索的关键性问题。器官移植能取得目前这样的进展，是与不断地研究、开发和应用一代又一代新的免疫抑制剂分不开的。

80 年代开发应用的环孢菌素 A 带来了大器官移植的良好效果，推动了移植外科的大发展。而近年来推出的新一代免疫抑制药 FK506 的研究和应用，正迅速成为预防和治疗人类同种异基因肝移植后，急性乃至慢性进展性排异的一种可供选择的药物。另一方面也应看到，随着强有力的移植免疫排斥抑制剂的开发和应用，一个突出的并发症——感染并发症，始终是移植医学中的重要问题。在一组 *604* 例大宗分析报告中，*64.7%* 的病人发生单一的细菌、病毒等感染，或它们的联合感染，尽管病人术中和术后应用了各种治疗药物。巨细胞病毒近年来尤其引起了多方面的注意与研究。这些感染并发症增加了死亡率。因此，在大力、积极开发应用强有力的移植免疫抑制剂的同时，应积

极寻找不用免疫抑制剂又能促使移植物成活的药物和途径。异种移植之所以被提出并越来越受到重视，一方面是为了减轻对供体越来越大的数量要求，另一方面也在为少用或不用免疫抑制药探索途径。这是更高层次和更具挑战性的研究。

纵观肝移植 30 年的走向，在不断积累与完善供体手术和受体手术技术经验的同时，已由单一的肝脏移植到肝脏与其他腹内脏器的联合移植或腹内多脏器移植（胃、十二指肠、肝、胰、脾、大小肠一次完成），直至异种肝移植（匹茨堡大学移植外科曾两次在临床用狒狒的肝植入人体）。可见，器官移植的发展十分迅速。

特别值得提出的是，美国匹茨堡大学医学院的移植外科，完成的肝移植术达 3931 例，是全美国，也是全世界完成肝移植手术最多的。由托马斯·斯塔卓主持的器官移植研究所和 1991 年接手主持移植外科的约翰·冯，以他们在临床上的肝移植、多脏器联合移植的硕果，大动物和开发应用移植免疫排斥抑制剂的实验与临床研究令世人瞩目。托马斯·斯塔卓教授是世界上第一位在 1963 年完成首例肝移植术于临床的权威，为此他曾获 1991 年度诺贝尔医学奖的提名。

伦敦皇家医学院附属医院正在试验的一种生物人造肝脏，依靠活的人体肝细胞而工作，可以用于抢救等待肝移植者的生命。

这种人造肝脏的好处是，医生可以向被克隆于特制纤维里的人肝细胞提供特殊的营养，因而这种人造肝脏可持续使用数月之久。据认为，肝功能不全达到 20% 的人有可能在 1 周之内死去，而这种人造肝脏能为肝功能不全患者架设起一座生存之桥。

据报道，英国每年大约有 120 人等待捐献肝脏进行肝移植，其中 50 人在尚未等到捐献肝脏时就死去。

12. 人类未来的粮食——石油蛋白

如今，世界人口已突破 60 亿，每年消耗的粮食总量达 12 亿吨。随着全球人口的不断增长，人类总有一天会因缺粮而难以生存。为此，科学家提出开发人工食品，其中很有发展前途的新的食物来源，是从石油中提取蛋白质。

石油之所以能够变成食品，全在于微生物的功劳。在自然界，生存着许许多多微生物，这些微生物中有一些靠"吃"石油为生，它们选定正构烷烃和甲烷作为自己的食物，从而可"生产"出人类大量需要的蛋白质。

在实验中，科研人员首先对这些微生物进行筛选、培育和繁殖，然后将它们接种到正构烷烃的液体石蜡上，由于具备氧气、水、温度和适当的酸碱度等微生物生长繁殖需要的条件，它们在对石油消化和分解后，可繁殖出新的一代，随着微生物的不断繁殖增多，使用先进的工艺技术，科学家可对这些微生物进行处理，从而生产出营养价值很高的石油蛋白质粉末。这种如同奶粉一样的"石油蛋白"，每 100 克中含有 42 克蛋白质、3 克核酸和一些维生素，而人们今天经常食用的鸡蛋或瘦肉，每 100 克中仅含有蛋白质 14 ~ 20 克。

13. 未来世界会出现的布料

功能各异的纺织品

未来的纺织品，除了御寒保暖外，还具有多种功能。

防弹纺织品。第二次世界大战后，发明了能抵挡子弹的防弹衣。不过，那是由钢板、钢丝制成的，笨重、不舒服，不能防护全身。后来发明了凯芙拉纤维，这种纤维重量不到钢的五分之一，然而强度却比钢大 6 倍。用凯芙拉纤维制成的防弹服，重量仅 75 克，穿在身上能抵御轻机枪子弹的射击，用这种原料制成的服装，在医疗上，还可以保护伤口，或者使受伤的骨胳较快地愈合。

抗菌纺织品。这种纺织品的表面带有极微量的抗菌剂，可以慢慢地释放出来杀死各种细菌，防止因细菌、霉菌增殖而产生的恶臭，对人体却无副作用。

吸汗纺织品。这种适合运动员穿的衣料，里层采用高吸水纤维织物，外层采用不吸水纤维织物。这种运动服里层的亲水织物将汗水迅速吸走，转移到外层疏水织物被挥发，这样可使运动员的皮肤保持干燥、舒适，没有潮湿、粘附的不舒服感觉。

除臭纺织品。在纤维织物中，掺入新的除臭剂——人工酶，就可以制成除臭纺织品。除臭纺织品不但可以除去人体发出的臭味，消除粪便、尿液散发的臭味，还可以除去污泥等天然恶臭。

超纤维纺织品。超纤维是最引人注目的一种纤维，它具有高伸缩性、强韧性以及耐疲劳、耐腐蚀、耐湿、耐热等特点。超纤维纺织品可制作防火服、航天服等，还可以做混凝土的增强原料。

太空棉。又称金属棉，是一种全新型的超轻超薄、高效保暖的内衬材料。它的两面是两种不同的材料，正面是一种非织造的特种复合化纤材料，反面是一层薄薄的带有无数个微孔的金属层，太空棉的保暖性、透气性、耐用性等远远超过羽绒、驼毛、丝绵等传统保暖材料。

防癌纺织品。太阳的照射，是使人们患皮肤癌的重要原因，澳大利亚科研人员发明了防皮肤癌的纺织品。它将面料用一种特殊化学物质处理后制成衣，防止阳光中紫外线照射的效果要比普通面料高出四至八倍。夏季穿的轻质衣服，如棉 T 恤衫，只能使人在大约两个半小

时内不受太阳照射之苦，而穿上这种新的化学物质处理过的衣服，可保护皮肤在 *12* 个半小时以上的时间内不受日晒之害。

提神纺织品。日本及美国的科学家，将芳香疗法的物质，通过"微型压缩"使其密封在胶囊中，让这些小胶囊附着在织物上，一旦胶囊破碎芳香物质就会释放出来，穿着这种衣服的人精力充沛，精神焕发。

调湿热纺织品。这是一种涂有透湿调节功能的聚合物的布料，聚合物涂层的厚度约 *0.01* 毫米，当温度升高时，聚合物的分子之间的空隙就增大，犹如布料的"毛孔"打开，使汗蒸发出去；在冷的时候，"毛孔"关闭，保持热量，与人的皮肤相似。这种布料防水性好，质感柔和，透气性优良，适宜于运动员穿着，还有防雨的作用。

皮肤型蛋白质衣料

这种衣料是一种由蛋白质加工制成的蛋白质纤维加工而成的。它不仅有人造纤维的优良特性，而且具有皮肤一样的透气保温性能。

用蛋白质作原料制成蛋白纤维早已有了。英国人从动物胶中提取蛋白，制造出人造蛋白纤维；意大利人以牛乳酪素为原料，制成人造羊毛。蛋白纤维就是纤维素。科学家用蚕分泌出丝液吐丝的方法，先在大豆、玉米和花生中提取出蛋白质，制成粘稠状的纺丝溶液，再经喷丝头中凝固剂的作用，使它凝固成为蛋白纤维。这种纤维具有一定的透气透湿性，但强度较差，而且所用的原料又是人类的食物，所以发展受到限制。

科学家又找到一种人体蛋白质做的衣料，就是皮肤型蛋白质衣料。因为人体蛋白质水解后可得到 *20* 余种氨基酸，利用氨基酸聚合体制成的衣料，具有皮肤的呼吸功能，既能保温，又能透气。人体蛋白质的来源很广，泪水、唾沫、汗液和尿液中都有。如果将人体蛋白质纤维做成呼吸型衣料，便是很有前途的服装新材料。

所谓能呼吸的皮肤织物，大多是多微孔薄膜的织物，这些薄膜的

微孔比水滴小、比水分子大。用这种织物制成衣服，雨水不会透进衣服，而衣服内的汗水气可以排出。另外，微孔内壁经过拒水材料处理，能阻止水由于毛细管作用沿微孔向内渗透。

制造多微孔薄膜的方法有三种。一种是涂层中加入亲水性微粒、多孔填料或发泡剂等，使涂层中形成许多微孔。另一种是采用超细纤维织物经超高收缩后，产生高密度的微细绒毛，它的孔隙很小。还有一种是利用高聚物在特定的工艺条件下，使原纤维组成的行列结构产生变形，行列间形成多微孔，再经过热处理把这些微孔固定下来。

细菌布

人类未来做衣穿戴的布，可以不用栽种棉花和纺纱织布。19世纪初，科学家发现了一种能使酒变成醋的细菌，叫胶醋酸杆菌，它会"吐"出一根根微小的丝。后来经过人工培育繁殖，制取到一种完全新型的尤纺织物，人们叫它细菌布。

细菌布的纤维，实际上是"霉菌"生产的。只要有一定的温度和少许的养料，这类细菌就会长出大量纤细的"绒毛"，这就是通常讲的"长霉"。科学家在细菌培养基里滴进几滴荧光增白剂，细菌受到刺激，使多束的微细纤维合并在一起，变成又粗又长的纤维，而且生长速度也比正常速度快三倍。这些纤维经过互相交叉粘合，会形成菌丝的纤维网络。把它们的水分滤掉，像造纸一样，再用化学增塑剂处理，便得到具有一定柔软性的无纺纤维成品。通常，只要48小时，就能在5升的培养罐内制取0.5公斤的细菌纤维，这比棉、毛、丝等的生产周期要快千万倍，甚至比化纤的生产速度还快。

细菌布大量生产的难题是造价昂贵。因为培养细菌要用葡萄糖，成本很高。所以，科学家正在研究新的细菌，制造一种既有光合作用能力又能产生纤维素的新型微生物。如有一种蓝色绿萍，它能直接利用阳光制造自己需要的养料和葡萄糖。这样，细菌可以直接利用太阳能"织"出大量的布来。藻类很普遍，用来生产细菌布就便宜了。

细菌纤维质地坚实，纤细而柔软，比棉麻纤维有更多的优越性。细菌布最适宜用作医疗上的绷带，它能使伤口形成一种与人的皮肤细胞组织相似的柔软"皮肤"，能促进伤口表面的愈合，疗效显著。

14. 未来人们的服装

冬暖夏凉的"空调"服

这种衣服好像我国传说中的珍珠衫和火龙人，夏天穿上可以遍体生凉，而冬天穿它则不畏寒冷。如果你从温暖的广州到寒风凛冽的哈尔滨，路上穿这衣服，便能随天气变化自动调节温度，十分便利。

这种轻便的服装是用一种特殊处理的衣料制成，可将温度控制在人感觉舒适的范围。它有两种设计型式：一是电子式的，一是晶体纤维式的。

电子式的空调服类似于电热毯，但它不需要人来调节温度。这种衣料里编织有微细的电热、冷却和通风的材料，并有许多微细的传感器，通过微触头与人体皮肤接触，好比好多只微细的温度表一样，记录出皮肤的温度。当它们发现偏离了人感到舒适的温度范围时，就自动地进行调整。

晶体式衣服是用两种特殊化合物处理过的纤维制造的，这两种叫做塑性晶体的化合物，会随着环境冷热不同，变化自己的排列结构。当环境温暖时，晶体呈现立方体的形状并吸收热量；当天气变得冷一些时，晶体恢复它原始的正方晶体结构。用这两种晶体处理过的纤维材料能贮存和释放热量，比没有处理过的纤维多吸收二到四倍的热量。科学家已经在多孔纤维里应用了这两种晶体，还用来作棉花纤维的表面涂层。这些纤维经受冷热变化150次之后，晶体仍然工作完好，因

此把它们做成晶体服装，在大雪纷飞时，衣服会发起热来；而当热浪袭来时，外衣又会自己变凉，成了一种冬暖夏凉的"空调"服。

一件衣服穿四季

早先，科学家们已经研制出了一种中空纤维。像羊毛、木棉、羽绒等天然纤维一样，这种纤维内部具有空腔，由于空腔中充满了空气，所以保暖性能很好。假如在空腔中充入保热性能胜于空气的氮气，保暖性能会更好。

利用中空纤维的上述特性，科学家制成了四季可穿的服装。不过，制作时还要经过特殊处理，就是在加工时掺入溶剂和气体。当周围气温降低时，溶剂就会凝结而把气体驱入管状纤维使它膨胀，衣服因此显得紧密厚实。加上纤维内充有气体，衣服的保暖性能大大提高了，当周围气温上升时，溶剂又融化成液体。溶剂融化时吸热，具有一定的"制冷"效果。这时纤维恢复原状，衣服变薄，孔隙增加，透气性好，穿着就觉得凉快多了。这种衣服特别适宜在一天中气温变化剧烈的地区穿着。如果在寒暑不十分悬殊的地区，从春到冬，有这样一件衣服，也就足够了。

多功能的无尘衣

科学家们正在研制一种无尘衣。这种衣服不但不会沾染灰尘，而且还有杀菌、防爆的性能。这是因为在某些工厂，工作人员的服装必须无尘、无菌或者防爆，否则，产品质量就会下降，甚至还会因静电火花而发生爆炸。

为了制作这种衣服，科学家先要弄清楚，衣服为什么会沾上脏污。

除了皮肤的排泄和接触脏的固体、液体之外，空气中的灰尘是脏污的主要来源。空气本身带有悬浮的尘埃、微粒，衣服很容易沾上这些灰尘。合成纤维制成的衣服，在受到摩擦后极易带电，很容易与空气中带异性静电的灰尘相吸，它的吸尘力是棉、毛织物的六七倍。

一般的除污办法是利用肥皂或洗衣粉的化学作用，拆开互相吸附

的脏污和纤维分子，也可以在合成纤维中加入一定比例的不易带静电的棉、毛、粘胶等纤维，以降低静电，减少吸尘现象。

80年代，德国制成了涂有镍、铜或金等金属薄膜的纺织品，这层薄膜很薄，不到1微米厚，所以用它制成的"无尘衣"，除了重量稍有增加外，外观、柔软度、强度、抗皱性能等几乎与普通织物一样，我国试制出在纤维之中嵌入金属、碳黑等导电材料的导电涤纶，可以用来制作抗静电的"无尘衣"。

更新的"无尘衣"，是用预先经过"污"性处理的织物制成的。所谓"污"性处理，是使织物先吸饱、填满无色或与织物同色的人造"污"粒，使它没有余地再沾污。日本已经生产了一种经过处理后油水不沾的灯芯绒，水迹、果汁、酱油等都丝毫不会沾污它，下雨时还可当雨衣。这种"无尘衣"虽经多次洗涤，功能仍然不减。

特殊功能的航天服

宇航员在太空工作，不能像在地球上那样可以随便穿什么服装，他们必须穿上特殊的制服——航天服。

航天服由服装、头盔、手套和靴子四部分组成。服装又由三部分组成，最外层是防护服，它不怕火，能适应剧烈的温度变化，能阻挡宇宙射线的直接辐射，还能抵御宇宙中小陨石的撞击。中间的一层是气密服，它会产生每平方厘米0.25—1公斤的压强，以维持宇航员的身体不致向外扩张。服装的最里层是水冷式内衣，是在耐纶纤维层中加入长约200多米的聚氯乙烯细软管制成的，在这些细软管内通入冷却水，软管与人体皮肤接触，达到调节温的作用。

头盔由透明的聚碳酸酯制成，能使宇航员头部避免来自太阳的紫外线和红外线的强烈辐射。头盔内有缓冲器，能缓和人呼吸时的冲击。

宇航员的手套能耐热、耐磨，可保持手套内部的一定压力。尽管它的层数很多，但做得很精巧，能保持手指的灵活运动，不妨碍宇航员完成各种细致操作。靴子同手套一样耐热、耐磨，对脚部有很好的

防护作用。

此外，航天服中还有一些特殊装置。用织物缝在通讯帽里的通讯和微型控制装置，这是帮助宇航员进行通讯联系的。航天服背上有生命保障装置，它由氧气瓶、调节器、水箱组成，这种装置是在宇航员去舱外工作时才用的。

航天服这么复杂，所以其造价很高，至少需要 200 万美元！

15. 未来世界的量体裁衣

未来的衣服制作会比现在简单得多。服装店有电脑设计、裁剪系统和电子缝纫机、超声波缝纫机。在电脑设计、裁剪系统中，早已输入男女各式各样的服装数学模型，需要做什么服装，只要把要求告诉电脑，计算机屏幕上就会显示出整套服装的衣片。接着，由电脑控制自动裁剪。

电子缝纫机是最聪明的"裁缝"，它能听懂十几种语言，缝制出上百种式样的服装。缝制衣服，不用针，机器产生的超声波可以使两片衣料的边缘高速振动产生热量而融合在一起。用这种方法"缝"出的衣服非常牢固，不必担心开线。

那些又瘦又高或又胖又矮的人，将来不必为买不着合适的服装而发愁，"直接成衣法"可以使他们穿上合体的服装。电子计算机根据他们的体形特征排出程序后，可以用网丝编织出一个与做衣者一模一样的模型，然后，化纤喷丝头会像蚕吐丝那样把化纤直接喷绕在人体模型上。只要几分钟，一件十分合体的衣服就做成了，真是"立等可取"。

年轻的姑娘、小伙子最喜欢式样新颖的时装，但是他们又担心不合自己的身材、体型。未来的服装商店可以随你"试穿"任何一件服装，哪怕是最珍贵的毛皮大衣。在法国巴黎的一家服装商场里，竖立着一面神奇的试衣镜。人们站在这面"魔镜"前面，不必更衣，就可以试穿商场里各种色彩、款式、尺寸的服装。这面"魔镜"的轮廓像妇女的体表，上面标有各种数码，使用时，先由服务员操纵遥控装置，使镜子里的影子与顾客的高度相仿，然后，一个穿着时髦的女郎的形象，就会出现在"魔镜"中。这个影像的身体是穿着新式服装的模特儿的身体，而面孔是顾客本人的。站在"魔镜"前试衣，试30套衣服用不到5分钟。随着"魔镜"中服装款式、颜色的变换，顾客就可以选择出最中意的服装。

16. 未来人们穿的鞋

一个人一生所走过的路程，总计约40余万公里，相当于绕地球10圈。在这漫长的旅途中，人们为了保护自己的双脚，不同的季节选穿不同的鞋。人们也常常根据自己从事的各种活动，选穿具有不同功能的鞋。未来的鞋能进一步满足不同人的需求，出现各式各样功能奇特的鞋，使鞋的世界更加丰富多彩。

音乐鞋

这是儿童喜欢的鞋。鞋底装有印刷电路版、电池、音量调节器；鞋四周的倾斜面安装着四个琴键开关。依次踩下双鞋的琴键，便发出八个音符声响。孩子们穿上它，行走、跳舞都有音乐伴奏了。

高速鞋

这种鞋里装有小型发电机，能带动鞋底下的胶轮滚动，或是带动装在鞋跟里的压气机，利用压气机喷射气流的反作用力把人推向前进。穿上这种鞋，每小时行速可达 10～20 公里。

行水鞋

这种鞋的形状像木制的雪橇，正中央可穿脚板，底部有排水的推进器。穿这种鞋的人只要手持两根顶端带有胶合板浮子的木棍，以保持身体平衡，过湖涉河就如履平地。

夜光鞋

这种鞋是在鞋的前部装有小灯泡，在鞋后跟装有微型电池，并配有开关，夜间行走可随时照明。另一种夜光鞋是由加入夜光材料的塑料制成，在黑暗中发出淡淡的冷光，对于夜间值勤人员十分适合。

磁性鞋

在鞋的内底的一定部位（如脚底涌泉穴）上，放置永久磁体，或是在鞋底安置压电元件和电磁线圈，当穴位受到磁场的刺激时，就会起到一定的保健作用。这种磁性鞋不仅有助于消除脚部疲劳，而且对许多慢性疾病都有一定的治疗作用。

调温鞋

这种鞋带有加热器，可以根据不同气温自动调节鞋内的温度。它最适合老弱病残者和气候严寒地区的边防战士使用。

药用鞋

鞋底空腔内填充着粉末状的有机酸物质或带有芳香味的中草药，利用它们吸收脚汗、湿气，消除脚痒，达到防治脚病的目的，同时还可以除去臭味。

脚下生辉的现代鞋

人脚是一种特殊的"运动弹簧"。行走时，重心先落在足跟，然后转向足尖。这种运动形式使足弓从展平到弯曲之间进行弹簧般的活动。据研究，人在每一次落脚和抬脚中，肌腱提供 35% 左右的弹力，

而足弓可提供约 *17%* 的弹力。

为了使人行走轻快，不觉疲劳，设计师们动脑筋在鞋底上做文章。有的鞋在鞋跟后部夹一层弹性滞后材料，它能产生缓冲作用，减小震动波的强度。有的在楔形鞋底夹层中设一个上下两层的气密封闭室，脚跟着地时，人体的重量使上层气密室的部分空气，通过分隔层上的小孔，缓慢地注入下层气密室，产生缓冲作用，减少因脚跟碰击地面而产生的震动强度。法国设计师为旅行家专门设计的便鞋，是在出发之前先往鞋底内的囊袋里打入一定压力的空气，借空气的作用减少震动，增加弹性。

不过，这些鞋都是从缓冲震动的角度设计的。如果从速度上考虑，就得提高鞋的"弹簧"性能，有助于发挥脚的弹跳。这种鞋的出现，开阔了设计者的思路，未来将会有老年人、平足者、旅行家等不同人使用的新式鞋。

17．会散热的服装

每当夏季到来，火红的太阳当头照，空气也变得炽热，人们为了适应高温环境，就要穿得薄些，或穿一些浅颜色的衣服。尽管如此，衣服还会被汗水浸透，背心或衬衫上留下斑斑的汗渍，穿在身上很不舒适；有时虽然出汗很少，可过多的日照，又会晒黑皮肤，损伤眼睛，易患皮肤癌。为此，各种防晒霜和润肤油销售的十分红火。这固然减少了紫外线对身体的损伤，可仍然显得有些不足。

为了能够达到降温的目的，人们用手拿着扇子，扇动着周围的空气；或加长加宽衣服，利用行走，产生空气流动，或干脆住进带有空调的房间，可一旦出门，又会大汗淋漓。

于是，人们开始利用仿生学的原理，借鉴动物的调温本领。夏日里，海豹用前鳍和尾鳍同时扇风；大象频频扇动着耳朵，……以大象为例，大象耳朵里微血管中的血会因空气的流动而降温，而液循环时把凉血带到全身，这样就可使血管周围的肌肉降温了。人们想到利用太阳能来降温，在宽大的袖口上安装上微型电扇，或把扣子做成向内的微型电扇，肩背和衣领是可拆卸的微型太阳能电池板，人靠太阳能电池板吸收光能，转为电能，电能通过微型导线，驱使微型风扇转动，使风扇转动的皮肤降温，这也如同大象的耳朵一样。到了阴凉的地方，风扇会自动停止转动。

对于因病而致排汗困难的人，或先天性无汗症的患者来说，更多的希望还是寄托在衣服的更新和功能的改进方面。狗是一种不会出汗的动物，天气炎热时，狗伸出湿润的舌头喘气，使空气流动，带走热量，舌头上的微血管凉爽了，流动的血液也凉爽了。科学家们正在进一步地研究动物的降温方法，并利用仿生学的原理设计新的调温服装；这种服装的面料对光热具有伸缩性。当阳光充足，气温偏高时，衣服的纺织纤维就会自动伸长，使布料的经纬密度加宽，空气在这些被打开的微窗中流动，身体就显得凉爽了。有时人出汗很多，衣服内面的吸汗纤维就会伸出微孔吸收汗液，被吸收的汗液顺着重力的作用，垂直流到衣服的下面，当汗水积多时，微型排液孔就会自动胀开，汗液顺流而出，排净汗液以后，微孔自动关闭。

有些防晒衣服的布料中还掺有反光特性的纤维，当太阳光直射时，反光纤维会有效的折射阳光，这样一来，人就不觉得热了。

18. 未来的摩天大楼

　　世界上最高的"摩天大楼"——美国芝加哥市的西尔斯大厦，有110层，高443米。俗话说"树大招风"。楼房越高，所承受的风压越大。一幢400多米高的大厦受到最大风力时，楼顶晃动的幅度将超过1米，如果不加以控制，窗上的玻璃就会弹出来，隔墙也会裂开。

　　科学家发现，圆形大楼在风力作用下的适应能力最好，它受到风的作用力只是矩形建筑的一半。经过对摩天大楼所受风力的分析，设计者们认识到，最适宜摩天大楼的建筑形式是圆管状形式，即整个建筑物形如一根插在地上的管子，大楼的重量集中于管边，中间是空心的，而且，圆管形建筑对风力有缓冲作用，可减轻楼房的摇晃，一般情况只有2—5厘米的晃动幅度，人们完全可以安心地工作。

　　未来的摩天大楼将是钢筋混凝土结构的整体管状建筑，像一座硕大无比的烟囱，筒壁上开挖一些孔洞作窗户。这座"烟囱"不一定要建成圆的，但至少要方的。"烟囱"内部加有支撑，然后一层一层地装设楼板。楼板的中央是空的，使整座大楼的中间形成大竖井般空心。这个内部空间可设计成露天中庭，种花栽树，好像室内花园，还可以设置电梯和行人的通道。

　　摩天大楼好像一座垂直城市。如美国的世界贸易中心大厦有110层，大楼内有5万名工作人员，每天要接待8万名顾客，大楼内办公、住房、市场和生活设施等一应俱全。大楼的交通主要靠电梯，有室内的，也有装置在大楼外的观赏电梯。摩天大楼的电梯像城市公共汽车一样，有常规的单层电梯，也有双层电梯；有只限在某些层次行驶的区间电梯，也有高速直达电梯。电梯的最大升降程度可达每分钟600

米左右。

由于圆筒式摩天大楼结构的解决，未来的摩大大楼的高度还可以增高，建筑设计师已经设计出 200 多层的摩天大楼。日本一家公司已设计出将建造在人工岛屿上的火山形建筑，它的高度超过 4000 米（相当于 1400 层的摩天楼），可供 70 万人居住。离水面 1 公里处有天文台、能源工厂和其他设施，底层是一个海滨游览胜地。这听起来似乎不可思议，然而科学预言，有了圆管建筑结构这个法宝，大楼可以建造得很高很高，人们甚至可以到楼顶去"揽月"了。

19. 新型的生态住宅环境

如今，可持续发展改变着人们的观念，在世界许多城市里，新型的生态建筑正呼之欲出。

生态建筑，就是综合地运用当代建筑学、生态学及其它技术科学的成果，把住宅建造成一个小小的生态系统，为居住者提供生机盎然、自然气息浓厚、方便舒适而又节省能源、没有污染的居住环境。

为了把这种设想变成现实，国外已有人着手进行试验。这些试验方案如下：利用太阳能发电、供暖和制冷，并供给照明、家用电器和通风用电；室内种植花木，阳光透过保温隔热性能良好的厚玻璃屋盖，使植物能充分实现光合作用，在自动调控温度和湿度的人工环境中苗壮生长，开出绚丽的花朵，结出丰硕的果实，并且散发出新鲜的氧气；雨水和浇灌花木渗透下来的水，通过管道系统收集起来，经过处理，可以用于冲洗便桶、养鱼或重复浇灌植物；收割后的植物秸秆和生活中排出的有机物可用来生产沼气，作为太阳能以外的第二能源；生产沼气后的残渣经过干燥处理，又可用作栽培植物的有机肥料等。

当然，建成这样一个小小的生态系统，需要建筑、材料、能源、机械、给排水以及环境科学等多学科的合作，要解决一系列的技术问题，因此试验阶段需要有相当的资金投入。

目前，生态建筑已在许多国家试点。日本三泽住宅公司开发设计建造了一种生态建筑——太阳能住宅，它可以满足家庭中85%的能源需求。新住宅的隔热性能和密封性能良好，屋顶装有太阳能电池，太阳能电力多余时可卖给电力公司。

英国科学家建造了一种新的生态住宅区，它的特点是：室内空气中二氧化碳含量由于有自然通风设备而大大降低，并不再使用排放破坏臭氧层的氟里昂空调设备；屋顶和墙壁使用的绝热材料不破坏臭氧层；所使用的硬木来自于能维持生长的欧洲和非洲的温带森林；不使用有害人体健康的物质，例如石棉和含铅油漆等；热水只在需要时才供应，免去了储水塔；照明使用轻巧的荧光灯泡和高效能的不闪烁光源；辟有专门的吸烟室等等。

在我国广大农村，生态住宅的开发可以和庭院经济的发展结合起来，除了在房前屋后的空地种植蔬菜瓜果花木、屋顶设置网箱养殖鱼虾和贝类的水池外，室内也可以培植小型草坪，繁殖蟋蟀、蝈蝈之类的昆虫，墙面嵌进玻璃水箱，饲养并繁殖贵重的观赏鱼类，既美化了居住环境，又可为市场提供新鲜的绿色食物和观赏动物，并增加了农民的收入，可称一举多得的美事。

据介绍，农村采用生土砖盖房，其污染排放量只相当于普通砖的0.2%。在广大乡镇，泥土是最廉价、最方便、无须长途运输而且污染小的建材，虽然强度小，但经新技术制造，足以满足建造一般的低层住房的需要。

近年来，生态住宅的诞生，标志着世界建筑业正面临一场新的革命，这一革命以有益生态、有益健康、节省能源、方便工作和生活为宗旨，对建筑业的设计、材料和结构等方面提出了新的思路。生态住宅的诱人前景，鼓舞着有志于此的建筑师，他们正在为理想的实现而

孜孜不倦地努力。

生态住宅虽然未必成为 21 世纪中期的住宅主流，但在我国住宅从小康水平向舒适水平过渡的阶段，把生态住宅的某些特色吸收过来，无疑将会使我国的城乡住宅更加接近于自然，使我们的住文化向世界高水平的方向发展。

20. 电脑住宅

电脑住宅，该是多么诱人的住房啊。不久前，世界上第一栋综合型电脑住宅已在日本东京市的中心落成了。其建筑面积为 370 多平方米，共安装电脑 100 多台。住宅的设计师是东京大学教授坂村健。

让我们一起到电脑住宅参观一下吧。

住宅的大门外，有一根竖杆，上面安装着风向标。这个风向标是气象状态的感知器，它同室内电脑相连，将室外的温度、湿度、风力、风向等数据输入电脑。电脑根据上述气象条件，控制室内的窗户和空调，为主人提供一个节能、舒适的居住环境。

工作人员在大门的暗锁上按了几个号码以后，大门便自动打开了。他解释说，门口安装的微型摄像机将来人的面孔全部输入电脑。如果电脑确认你是"未经登记"的陌生人，你即使知道暗锁号码，也无法打开大门。只有住宅主人下达"同意入内"的指令后，大门才会开启。

走进室内，扬声器传来了轻松悦耳的乐曲。一楼的会客室与门厅相通。这里除了茶几和几张沙发以外，看不见其它家具。除了一些常用的必需品以外，其它用品都分门别类放在地下仓库指定的"集装箱"里。需要时，可操作电脑，将"集装箱"调运到一楼的"出口处"，以便从中取出或放回物品。

　　在一楼的厨房里，食品放在地下仓库的冷藏柜中。厨房中有一套教人如何做菜的电脑装置，电脑中储存了西餐、中餐和日本菜等的烹调方法，它可以告诉你如何备料、烹饪等，还有实际操作表演。烹炒的火候也由电脑根据炒菜步骤自动控制。

　　在二楼卧室的床头，有一个开关，上面写着"休息"二字。主人在睡觉前，只要按一下这个开关，整栋房子便进入"休息"状态。除必要的走廊等灯光以外，房子各处的电源全部关闭。走廊和厕所的灯光调到合适的亮度。空调系统减弱风力，没有关闭的窗户自行关闭，设置在房子四周的防盗报警装置进入工作状态。这一切都持续到第二天早晨主人起床为止。

　　在卧室边的厕所里，安装有体检装置。清晨，主人起床上厕所时，同抽水马桶连接在一起的体检装置即可自动检查和分析大小便的情况。旁边还有一个血压计，将食指伸入血压计的套中，液晶显示板便会出现血压和脉搏等数据。如果出现异常情况，电脑会提醒主人去就诊。

　　在一楼会客厅旁边，还有一个专供来客使用的"非接触式"厕所，以防止病菌接触传染。进入厕所后，一切无需用手触摸即可完成。抽水马桶盖在人到位后自动打开，马桶上垫有一层干净的卫生纸，至于冲洗和消毒等程序更是自动完成。在洗手池旁，只要将手伸到水龙头下，龙头会自动打开出水，移开后，水龙头自行关闭。

　　浴室最大的特点是，可以通过电脑"预约"洗澡时间，并设定水温等。下班前，可从单位打电话给住宅的电脑，指示电脑在什么时间准备好洗澡水。一回到家即可洗上舒服的热水澡。

　　室外的绿化用地，长满了郁郁葱葱的树木和花草。浇水、施肥等工作全部由自动机械完成。

　　住宅里的100多台电脑，分工负责，各司其职能，但同时又互相连接，以便对环境做出综合判断。所有电脑全部设在"暗处"，室内不见其踪影。电脑的工作程序设定好以后，一般无需调整。

21. 海上城市

十多年前，国际海洋博览会在日本冲绳开幕了，谁能想到，中心会场不是设在陆地，而是在一座漂浮于海上的大型海洋建筑物里。日本民众和来自五大洲的海洋专家以及旅游者怀着浓厚的兴趣前往参观，在 6 个月的时间里，观众达 200 万人之多。

这个展览馆长 104 米，宽 100 米，高 32 米，位于离岸 400 米的冲绳海滨，通过海桥与陆地相连。展览馆是一座半潜式海洋建筑物，有水下和水上两大部分，中间用大型立柱联接，排水量高达 28100 吨。水下船体能提供巨大的浮力，支撑着庞大的水上船体。展览馆还设有水中观察窗，配上明亮的海中照明，观众可以观赏美丽的水下世界。

展览馆内十分宽敞，能同时接待 2000 多人，冷暖空调设备齐全，馆内气候如春，舒适宜人。另外还有发电、供水、污水处理以及其它生活服务设施。观众无不赞叹：这是当前举世无双的海洋建筑，简直是一座独立的海上小城市！

随着海洋开发的扩大，人们不仅要在深海建设矿山、开采石油，大型核电站和海水淡化联合企业也将建在海底。但是这些厂矿企业的工作人员，如果每天上下班时需要往返于陆地和近海，甚至远洋深海之间，那该多么麻烦和浪费时间啊！

再说，海洋企业开采的原料、生产的货物，也应有个中转站，然后源源不断地运往陆地。于是科学家们就产生了建立海上城市的设想。

第一种设想是在水下矿山附近建一个城市，它的直径约 1000 米。每座楼房中的一部分建筑建在水上，另一部分建在水下。整个城市能居住 5000～10000 人。城市中央，除了绿树成行、花草吐芳的绿化区以外，还有港口码头供运输船舶停靠，远处的平台可供直升飞机起降。

海上城市的另一种设想，是建在离海岸较远的公海上。它是直径约800米的圆形建筑物，周围有坚固的混凝土防波堤，以阻挡海浪冲击。水上部分除道路、花园、电影院、体育场之外，还有商店和工厂。深海开发出来的矿物、海上收获的水产品，就在这里加工或装船外运。但居住区很特别，是圆形的多层建筑，在水面以下，直到30米深处，每幢"楼房"的中央都有电梯和楼梯通往城市的水上部分。

目前，美国正在离夏威夷群岛不远的太平洋上修建一座海上城市，它将建在高70米、直径27米的钢筋混凝土"浮船"上。"浮船"内计划设立发电站和淡水装置，上面有一个平台是直升飞机停机坪。这座"海上城市"竣工以后，将有10多万居民乔迁"新居"。

日本也准备建造海上住宅，并提出了"云霄都市2001"的海上城市计划。建造地点计划在千叶县的东京湾内，这是一栋地上500层、高2001米，可以容纳30万人的海上城市。它的总建筑面积为1100万平方米。由于这座海上城市与内陆隔离，那里的水电、下水道以及其它公共设施，都将自给自足，其中自来水将以海水淡化等方式供给。与外界的联络将通过海底的隧道铁路、公路以及航行于海面的高速轮渡解决。

目前，一些发达国家的建筑学家和海洋专家，正在制定许多宏伟、新奇的海上城市规划。有人预计，到21世纪中期，世界人口将有1/10住在海上建筑物之中。

历史悠久的中华民族有着许多离奇动人的神话和传说，而海上城市和建筑的发展，将使"海底龙宫"的幻想变成现实。

22. 地下城市

近10年来，世界各国的大都市地产高涨，人满为患，已到了寸土

寸金的程度。住房紧张，土地剧减，使得各国政府伤透了脑筋。为此，科学家们想出建造地下城市的绝招，地下城市成了人们争夺的又一空间。

地下城市是未来城市的组成部分。人们按深度把地面以下的地层分为5层：地表层，深5米；地浅层，深10米；地中层，深30米；地深层，深100米；超深层，深100米以下。地表层、地浅层和地中层已得到广泛的发展利用，如地下街道、地下铁路、地下发电站、地下粮库、地下放射性废弃物处理场等等。人们正把目光投向地深层和超深层。

地下城市的优点是恒温、隔热、密封、安静，不受气候和其他自然条件的限制，比地面建筑能更好预防可能发生的灾害，减少地震破坏。若地上已有城市，同时又开发地下城市，那么城市的空间将得到很大的拓展，地面的拥挤也将得到缓解。

目前，世界上的地下城市主要是由地铁连接起来的配套网络，基本上属于交通的范畴。欧洲国家的城市设计人员已把注意力转向地下。横穿英吉利海峡、连接英国和法国的海底隧道已建成并开始运营。西班牙和摩洛哥正在研讨在直布罗陀海峡兴建一条连接两国的海底通道。德国和丹麦正在商谈在费马恩海峡建造一条连接两国的铁路隧道。瑞士工程师研究在阿尔卑斯山下建造一个大城市的可行性。

岛国日本，为了争取更多的生存空间，早些时候就提出建设地下城市的方案。日本通产省拟订了一项"大深度地下空间开发技术"，准备地下挖一个30万立方米的大洞，在那里建造拥有办公楼、音乐厅、运动场等设施的地下城市，大断面的隧道把各地下城市连接起来，用悬浮列车和无人驾驶地下飞机运送人和物。

日本政府和一些主要建筑公司准备在2020年建成一座小型地下城市。日本富田公司已拟定了地下城的方案。这个地下城市位于地下200米深处，用直径200米的管道建成，呈六边形，通过电脑和其他

高科技手段，再现地面的自然环境：昼夜更替、四季变化，阴晴雨雪。

1994 年，日本在海平面 40 米以下，建造了 3 座大型地下贮油罐；他们在规划中还有 17 项较大的地下交通运输项目，其中包括一条造价 120 亿美元的横穿东京湾的高速公路；日本的新宿已建成了千个巨大的地下城市，地下住宅星罗棋布，地下交通四通八达，有按文艺复兴时期建筑风格建造的意大利城堡，有花木繁茂、虫歌鸟鸣的森林公园，有琳琅满目的购物中心，还有宽广豪华的地下广场。

然而，建造地下城市要耗费巨大的人力、物力和财力，其成本难以事先准确估算。此外，地下城市的空气保鲜，地下水的防渗，长期地下生活对人们心理和生理的影响等等，还需要科学家和工程技术人员进行深入的研究和探讨。

23. 宇宙城市

天文学家这样描绘道：当太阳最终成为一颗白矮星时，地球及附近的星体将被太阳所吞噬。那是多么可怕的情景！不过在这之前，也许人类早已离开曾经哺育自己的摇篮，飞向遥远的太空。宇宙城市就是在这样的背景下构想的。

这种构想共分三步来实现。

第一步，建立宇宙空间站。科学家预想，由发达的西方国家联合研制一座永久性民用载人空间站，在新世纪开始时投入使用。它耗资数百亿美元，使用寿命达 20～30 年。这个空间站是人类迈向宇宙的第一步，是一项划时代的宏伟工程。人类可利用这个空间站观测、研究太阳系乃至整个银河系，进行多学科综合研究，并利用这一空间站作为飞向宇宙的中转站。

第二步是飞向月球，建立月球观测站。通过对月球的研究，实验、观测地球，提取月球土壤中的水、氢、氧、氦，试验食物生产，探讨月球资源开发。利用登月车及月球表面飞行器对月球进行普查，并进而建造基地及天文观测台、科学实验室等。人类是否能在太空生存，这是最重要的一步。

第三步，建立永久性月球基地。将地球上的生活模式搬往月球，建立工厂、医院、学校、图书馆、娱乐设施等。拓展月球城市。

美国天文物理学家奥尼罗在《宇宙殖民地》中这样描绘道：宇宙岛是个直径和长度分别为数公里的环形建筑，有一个巨大透明光罩，人类可在其中利用太阳能种植、生产、生活。宇宙岛将定点在太阳、地球和月亮的重力衡线上，即距离地球38.4万公里的地方，因为在那里地球和月球的引力相等。

构想中的宇宙岛是一个直径500米的空中巨球，球内设有人类居住区、生产区、生态区。它每分钟自转两周，在"赤道"处产生近似地球的引力，这样生活在"岛"上的居民就会感到像在地球上一样。"宇宙岛"内的天气可以按人们的意愿自由调节，真正实现"风调雨顺"。

这样一个"宇宙岛"可以容纳1万人。它的基本任务是建造与地球同步的能源设备，把充足的太阳能以定向微波辐射的形式传播到地球，以解决地球的能源和环境污染问题。

世界上的天文学家无不把眼光投向月球和火星。这两颗星离地球最近，都有充足的阳光和矿藏资源，除了水和空气，地球上所有的矿藏，月球上几乎都有。而正因为没有空气，人类可利用太阳及月球资源来冶炼高纯度的金属和晶体。

金星的自然条件较月球更适合人类。美、俄两国科学家已提出共同改造金星的计划。即用地球上的藻类洒满金星稠密的碳酸大气层，使其吸服并排出氧气，以降低其表面高达500℃的高温，为人类居住做好准备。然后以核动力分解金星极地的固体冰，形成金星大气层，

人类适合的生态系统也就逐渐形成了。

　　天文学家预测，到新世纪末，人类可望乔迁太空，并在那里生存发展。那是人类迈向太空的重要一步，是一个美丽的梦想，无数的科学工作者都在为这一梦想而努力着。

24. 塑料房屋

　　多少年来；人们居住的房屋，大多是用木料、土坯或石料建造起来的。在现代建筑中，取代传统建筑材料的是坚硬沉重的钢筋水泥结构，是目前房屋建造的主要材料。可是，科技的发展同时在创造着神话，如今轻巧的塑料也能用来造房子！

　　最近，美国的一家塑料制品公司，为了向人们展示塑料的多功能和塑料产品的多用途，用了凹吨塑料材料，建造了一座塑料房屋。这座房屋的屋顶，是由塑料树脂和玻璃纤维合成的盖板，它不但重量很轻，而且拼接安装十分简单，还具有极好的防火性能。

　　屋子的墙面材料，是由聚氯乙烯塑料压制而成的墙板，外面上了一层高性能树脂，以耐受风吹雨淋。这种墙面不但色彩多样，十分美观，还富有弹性，具有极大的强度和承受重压的能力，并且更换方便。

　　房子里用塑料制造的各种建筑材料，更是琳琅满目。室内的墙板，是由塑料树脂和木质纤维化合制成的一种波纹板。波纹板的外面覆有一层漂亮的泡沫塑料，它具有很好的绝热和隔音效果，并能加强墙体的牢固程度。这种内墙材料不必再涂刷涂料，当然也不用再粘贴壁纸了。地板材料选择了硬质的塑料，既具有木质地板的弹性，又绝不会出现裂缝或凹凸，平整耐磨，用水擦洗也不会有腐烂之虞。

　　室内设施也选择了多种性能不同的塑料。如各种管线采用了聚丁烯管道，它的特点是柔韧性极好，可以方便地自由安置，还不会有普

通自来水管锈蚀、渗漏的烦恼。厨房里的装置全部采用了具有防火特性的塑料，而卫生间的浴具，则由塑料通过吹模法一次成型，轻巧牢固，而且成本比目前的玻璃钢材料低得多。

用塑料来建造房屋的形式虽然尚未普及，但新型塑料所具有的各种特性，使建筑师们在考虑房屋建造的方式时，多了一种选择。其多功能、低成本的特性，对于建筑临时性建筑或装饰性强且低成本是十分有利的。

25. 合成纸屋

中国人常说，"低褙的"，意即不牢固。纸张大多又薄又软，不近水火。这样的材料如何造得了房屋呢？

其实，用来建筑房屋的纸，并非平时用作书写、印刷和包装的普通纸张，而是一大类新颖的合成纸。合成纸的原料并不是天然纤维素，而是以合成树脂为原料，因而在强度、柔韧性、耐水性、耐折性、耐光性、耐高温性及耐腐蚀性等方面，都比普通纸强。从本质上来说，合成纸实际上是一种具有纸张形式和功能（如书写、印刷）的薄膜。

20 世纪 70 年代以后，国外出现了用纸造的房屋。这种纸屋的板壁，是经过特殊处理的波纹状或夹层式纸板，厚度约为 5 厘米。纸板外涂有合成树脂和玻璃纤维，使其强度大大超过了同样厚度的木板，而且能耐受高温、虫蛀和水浸。

科学家还在空心的纸夹板外涂上聚氨酯涂层，用它做的墙壁，保温隔热性比砖墙还好；合成纸中加入芳香族聚酰胺，不但比重轻，而且绝缘性极好，熔点也高达 400℃ 以上；纸板用料中加入硫以后，既能增加强度，也提高了防水性能；用乙烯材料、普通纸、铝箔制成的多层复合型合成纸，具有出色的保温性，用它做房屋的墙壁，能节约

20%的空调能耗。

美国一家造纸公司建造的一间"纸屋"，有效使用面积为6.1 × 6.2米，整个纸屋重量仅为204公斤。安装时，不需使用钉、铆、焊、栓，只需用胶粘剂粘结就能解决问题了，三人仅花了5个小时就安装完毕；拆卸后，纸板可被装在两个大纸盒里，搬迁十分方便。

一种用聚氨酯做夹心的合成纸房屋，其外壳结构预先折叠成型，造屋过程十分简单，只要把纸房拉开就行了，当然，搬迁时也只要把它推紧缩拢，就可以装车运走。

据测算合成纸屋的使用寿命可长达10年以上。它建筑方便，成本低廉，非常适合林场、牧区、旅行或野外工作者居住，也适合做临时仓库、售货亭之用，当遇到自然灾害如水灾、地震时，还能用纸屋来解决一时的住房问题。

这真是既经济又方便的建筑，作为临时性的过渡住房，它的前途大有可为。

26. 仿生建筑

自然界的生物经过数十万年的衍变，形成了适应环境的能力，其进化而来的居住结构往往令人类叹为观止：蜂巢轻巧而牢固，蜘网精细而柔韧，鸟巢简单而功能齐全，水獭窝则秘密而安全……

大自然永远是人类的老师，生物的奇妙构造给建筑设计无限的遐想和启迪。于是，仿生建筑诞生了。

仿生建筑是建筑设计师模仿自然生物的形态、构造而新创的一种新型建筑，这些建筑从外形到结构、功能都与某些生物有相似之处。

建筑师模仿王莲的叶脉结构，在跨度约100米的屋顶纵肋之间，设计了波纹形的横隔，形如网状，使建筑物大厅顶面结构牢度大大

105

加强。

英国曾试制成功了一种蜂窝墙壁，中间填充着树脂和硬化剂合成的六角形泡沫状物质。这种墙壁不但大大减轻了整个建筑的重量，而且具有很好的保暖性能，使住宅变得冬暖夏凉。

建筑学家还从轻巧省料、牢固完全的观点出发，建造出一大批薄壳建筑。薄壳建筑常见于一些大跨度的体育馆、展览厅，根据精确计算和精心施工而成的薄壳屋顶，厚度虽然仅数厘米，却能承受风吹雨打，这都得归功于蛋壳的奇妙特性所给予的启迪。

蜘蛛网精妙绝伦的悬索结构引起了建筑师的高度兴趣。他们模仿蜘蛛网建造出大跨度桥梁和大跨度屋顶，利用建筑的几何形状和力学特性使得这些建筑轻巧而精美。

人们还根据洞穴建造出窑洞，模仿蛙囊造出充气建筑，蛛网演化出悬索大桥，蜂巢变化成网状钢梁……这是大自然给人的奇思妙想，而这些奇思妙想便是许多仿生建筑的生命所在。

27. 节能建筑

地球上的资源是有限的，而 20 世纪却是大量开发、使用能源的时代，随着城市人口的急剧增长，一幢幢高楼大厦的能源消耗也在大幅度上升，并影响到周围环境。如何才能避免这种状况呢？

世界环保组织最近指出：发展"节能建筑"应成为一个国家制订能源总政策的重要组成部分。这是一个建筑趋势。

20 世纪 90 年代以后，不少发达国家认识到了能源的有限性和节能的重要性，把发展"节能建筑"与推广"智能建筑"结合了起来，通过"智能建筑"来达到节能的目的。

随着电脑及自动化控制技术的日臻完善，人们已经完全有条件对建筑物的节能进行综合管理并获取最佳效果了；各种新型的节能手段，如节能灯的广泛普及，太阳能、生物能以及风能的推广运用，使设计节能建筑已不是很困难；大量节能建材进入市场，使城市建筑物的设计出现了根本性的变革。

根据世界环保组织的调查，发达国家发展节能建筑的成绩相当显著，在已经推广节能建筑的城市中，就建筑物本身来说，单位建筑面积耗能下降了 25% – 35%，有的甚至达到 40% 以上；就整个城市而言，仅美国所拥有节能建筑的城市，能耗普遍下降了 3% ~6%，这意味着城市每年可以节省能源开支数亿美元。以此类推，所有的节能城市将给世界节能数量可观。

以色列曾经推出一种节能建筑，屋顶及墙面采用隔热保湿材料，局部安装太阳能电池板，这样屋里的所有用电均能通过太阳能自给；门窗采用特殊玻璃，这种玻璃可隔热，冬季采光性能好，夏季则可反射阳光。室内所用均为节能灯具，因此可尽量合理循环。屋子周围的花圃采用滴灌技术。整栋建筑形成一个和谐的整体，有效地节省了能源。

28. 太阳能建筑

对于资源短缺而阳光充沛的地区而言，太阳能是再好不过的能源了。事实上，从环保的角度着眼，世界上许多发达国家都把眼光投放到太阳能住宅上。

英国一位建筑学家提出了一种称为"21 世纪太阳城市"的构想。他认为，要想为日后的人类和动植物留下未受污染的土地、空气、水以及各种自然资源，人类必须最大限度地利用清洁的太阳能来建筑"太阳城市"和"太阳建筑"，用"太阳时代"取代"机器工业时代"。

这位建筑专家已将有关的理论付诸于实践。他在法国的波尔多港建筑了一幢新型建筑，建筑内部的全部能量都来自于太阳能装置，并且，整幢大楼没有空调设备，而是用一条通往瀑布的通风管道来代替空调器的作用。此外，他还在日本东京设计了另一幢建筑，同样无须使用电能的空调器，就能使整个建筑内部凉爽如春。

太阳能建筑的主要特征是，将太阳能集热板安装在建筑物的外面，利用收集到的太阳能为建筑物内的设施和人员所利用。换句话说，太阳能建筑中的人员，所使用的能源主要是太阳能。

在太阳能建筑方面，走在最前面的是德国。德国每年将在建筑上新增 15 万平方米的太阳能集热板。1993 年 12 月，德国弗登堡市建成了一座造型独特的"太阳能建筑"：屋顶上共安装了 50 平方米的太阳能集热板，足以为住宅供应所需的全部电能，包括照明、热水、取暖、空调和其他家用电器用电。该住宅面积为 100 平方米，造价 150 万马克，考虑到政府的补贴和优惠，一般市民就买得起这种住宅了。

1994 年，德国有 12 个城镇对安装太阳能集热板的住宅实施优惠政策。德国亚琛市政府规定，凡积极利用太阳能的居民，政府负责其太阳能集热设备费用的一半，而且由政府免费安装；波恩市政府也公布了一个《千户家庭太阳能电站计划》，对拥有太阳能发电设备的住宅，由政府安装与公共电网相连的线路，对住宅多余的太阳能电力，政府全部收购，而且免收税金。由于这些举措深得人心，居民对使用太阳能建筑表现出很大的热情。

目前，德国正在实施一个宏大的计划：到 21 世纪初，全国城市住宅有 30% 以上主要依靠太阳能来供电。

值得一提的是，科学家还根据向日葵的向日特性，设计出高效利用太阳能的住宅。这种新颖的住房最特别的地方，就是能像向日葵一样，"追随"着太阳旋转，因而能最大限度地利用太阳能。它建造在

一个钢筋水泥的平台上，而水泥平台则安置在能转动的转向架上。转向架的基座位于地下室内，由 6 根支撑的柱子组成环形轨道。6 个驱动头使整幢住宅每天随太阳转动 180°，晚上又返回到初始位置。

这种住房的设计，不仅使房间能始终充满阳光，而且，安装在房顶上的太阳能电池和聚光镜，也能均匀地受到太阳光的照射。成排的太阳能电池板上的光电池，会将太阳能转变成电能。整个建筑由电子计算机来操纵控制，所有的驱动和电脑操纵所需的能源，以及照明、供暖和生活用电，也都是由太阳能提供的。

太阳能是一种廉价而又干净的可再生能源，它取之不尽，用之不竭。假如能将太阳能收起来供人们日常生活使用，那样不仅能节约大量不可再生的能源，而且也避免了其他能源形式可能造成的污染，保护了自然环境。

29. 生命建筑

如今，建筑物智能化、仿生化的程度越来越高，学术界新近出现的生命建筑构想就是其中的佼佼者。

何谓生命建筑？1994 年，15 个国家的科学家在美国聚会，提出运用新材料和新技术，建筑与生物界相仿的、能感受外界和自身变化并作出反应的建筑物，这就是生命建筑。

生命建筑的基本特征有：

生命建筑具有"肌肉"，对外界变化能很快作出反应。桥梁损坏的主要原因，是车辆在行驶中产生的共振，损坏的薄弱环节是用不同材料合成的梁。而用能自动收缩和舒张的智能材料，如电热控制的记忆合金，就可改变梁内部的力和形状，使梁的振动频率变化，使桥梁承受振动的能力增高 10 倍。正在研究中的其他"肌肉"材料还有压

109

电陶瓷、磁致伸缩材料、电磁流变液体等，它们已经在一些建筑上试验成功。

生命建筑有能获得"感觉"的"神经"。加拿大和美国科学家将光纤维或压电聚合物制成厚仅200～300微米的压力感应薄膜，并把这种"神经"埋在房屋、道路、桥梁中。这种"建筑神经"不仅能"感觉"到整座建筑或桥梁内部的受力变化，甚至能感应检测到一辆汽车开过时，桥梁所受的震动和桥的变形。如果桥梁产生裂缝，"神经"信号就会中止，从而便于预防，并能及时查出建筑的隐患所在。

生命建筑要有能自动调节控制的"大脑"。在一座大型生命建筑或桥梁内，会有许许多多的"神经"和"肌肉"材料埋在关键部位，它们之间的相互作用也十分繁复，需要有一个控制和协调的中心，这就是生命建筑的"大脑"——一台大型电脑，它具有能判断、决策并进行协调的程序，对重要程度不同的部位所传递的信息，作出迅速的反应和处理。

这便是由系统控制、人工神经网络和大脑所代表的未来生命建筑的主要特征。建筑设计师指出，如果没有人工生命的控制中心，由无数光纤传感器、驱动执行器堆砌起来的建筑很可能是一座"代价昂贵，行为愚蠢的结构"、"像一个患脑溢血的病人"。

当地震和风暴造成建筑物大幅振动进而摧毁建筑物时，生命建筑就能在灾害发生时保护自己，生存下来。近年来，日本发展了智能化的质量阻尼技术。地震发生时，生命建筑中的驱动器和控制系统会迅速改变设在建筑物内的阻尼物（如流体箱）的质量，从而改变阻尼物的振动频率，以此来抵消建筑物的振动。这种方法也可以减小超高大厦和悬挂式桥梁因风力引起的摇摆。

美国正在研究地震发生时怎样让生命建筑之间能自动伸出各自的驱动阻尼器，并连接在一起，就像人在摇晃的船甲板上手拉手一样，不易倾倒。

地震造成的建筑振动往往有若干个振动周期，美国科学家用化学混沌动力去干扰和破坏这样的周期振动，使建筑物的破坏性大幅振动转变为无序的能量分散的混沌运动。这如同一个振动着的音叉与一个率乱运动的小物体相遇，音叉的有序振动会变成杂乱无章的振动。这是一种以少量能量去影响和减少巨大能量对结构破坏的有效途径。

生命十分可贵，康复对于生命而言十分重要。美伊利诺斯大学已研制出生命建筑自我康复的方法。它的执行元件是充有异丁烯酸甲酯粘结剂和硝酸钙抗蚀剂的小管；当生命建筑出现裂缝时，小管断裂，管内物质流出，形成自愈的混凝土结构。这个方法已获成功。这完全像人体血液中的血小板，能够自动堵塞创口，使肌体康复。

生命建筑是模拟生命而设想的，它具有生命的基本模式和功能，是一种地地道道的未来建筑。

30. 智能大厦

"智能大厦"，在美国称为"聪明大楼"或"头脑大楼"，亦有人译为"智慧型大楼"。它是在情报通讯系统高度智能化的基础上，确保传递情报迅速、安全、可靠，室内环境舒适，节能的新型建筑物。

1981年，世界上第一幢智能大厦在美国康涅狄格州的哈特福德市诞生了，这就是名为"城市广场"的38层商业办公大厦。

在美国，智能大厦是在过剩的办公大楼和繁荣的商品房市场中，为人们开展经贸活动的需要而兴建的。从使用的第二天开始，人们就享受到了那里"智慧而方便"的各种服务，这种服务主要是指情报通讯和办公自动化方面的各种服务。例如，利用程控交换网的高功能通讯服务；为顾客提供从多个市外电话局中，自动选择最佳线路的功能；由多个数据库提供的科技情报服务等等。

那么，智能大厦是怎么产生的呢？信息与电子技术的飞速发展，是促进智能大厦产生的主要原因。70 年代中期，世界性的能源危机之后，美国纷纷追求办公室的工作高效率。由于智能大厦使用了高效率的通讯设备，因此使办公效率大大提高。智能大厦实际是办公室自动化的产物。此外，建筑业本身的竞争以及建筑结构和形式的不断翻新，也是促成智能大厦产生的原因之一。

智能大厦具有以下特点和功能：

情报通讯功能：除电话、电报等传统通讯工具以外，还有数据交换机及增值通讯网络，利用数字显示的程控交换网和卫星通讯系统等现代化的高级通讯功能。

建筑自动化功能：有对空调、电梯、照明、防盗、防水、电力等设备的自动管理功能，节能系统的自动化控制功能。

具有办公高效自动化的功能，它通过高度信息化通讯设备和计算机实现办公的高效率，业务管理的高质量。

环境舒适，具有方便的工作空间。

我国的第一座智能大厦，已于 1995 年在上海淮海路建成。这是一座 28 层的大楼，由上海九海实业公司投资兴建并经营。它集商场、餐饮、娱乐、信息服务和办公为一体，具有公用数据、卫星通信、电报电话、商场管理、办公自动化、设备及运行等 13 大类由计算机管理的功能。用户不出大厦，就能得到国内外的所有信息，如股票、外汇、人才、图书资料、飞机火车订票等信息。

通信网络是这座智能大厦的中枢神经。它不仅保证大厦内的语音、数据、图像的传输，而且还与国内外的通信网互联，与国内外互通信息、查询资料、发电子邮件等等，共享信息资源。

这座具有世界先进水平的智能大厦的竣工开业，为我国今后建设更多的智能大厦奠定了良好的基础。

31．21世纪的房屋

朋友们，再过几十年，当你走在城市的马路上或在农村里，会看到各式各样的光艳夺目、美丽得如琼楼玉宇般的建筑物：有的屋顶像珊瑚一般红艳；有的窗框像翡翠一样碧绿可爱；乳白色的墙壁如同象牙般的光滑；褐色的门好像用玛瑙做的。还有用金光闪闪的金属装修的门厅、窗台等。这就是21世纪的房屋。从这些建筑物上，再也找不到砖瓦、石头等古老材料的踪影。

那么这些漂亮的房屋究竟是用什么材料建造的呢？它们是用各种各样的塑料、玻璃钢、轻金属以及许多新型轻质材料建造的。

塑料的种类很多：有的比钢铁还硬；有的比软木还软；有的好像玻璃一样透明；有的如同橡皮一样有弹性。而且许多塑料都不腐烂，不导电，不受化学侵蚀，能防水……它们的优点真多呀！

也许你会问，塑料不是很贵吗？怎么用来盖房子呢？的确，目前塑料的成本比较高。但是要知道，我国有丰富的石油、天然气、煤炭资源，还有大量的农产品废物、如玉米芯、谷糠，这些都可做塑料的原料。将来，有了大量制造塑料的机器和工厂，进行大规模生产以后，塑料就会像砖头、瓦片一样便宜，用它来盖房就很平常了。

到了21世纪，大型的塑料建筑空间可以把整个城镇都封闭在里面，这时自然界气候的变化将不会对人们的生活产生影响。

严寒的冬天，外面正刮着呼呼的西北风，可是当你走进塑料建筑空间时，会立刻感到春天般的温暖。你会惊奇地发现墙壁和屋顶都是那样单薄，这怎么能够挡住外面的风寒呢？原来屋顶和墙壁的中间，填有一种保暖性比羊毛还要好的"泡沫塑料"。它像海绵一样，中间有许多微孔，能很好地保温和隔热。夏天，外面的太阳即便再热，屋

子里仍旧会很凉爽。它还有极好的隔音作用，当你关上门窗时，屋子里顿时静极了，你就可以安心地学习和休息了。

屋子里的桌子、椅子、床、柜子……这些家具都是用各种塑料和轻金属做的，既漂亮，又轻巧。而且有的家具还能折叠起来藏进壁橱里，不占地方。你再摸摸窗上挂的窗帘、地上铺的地毯、床上罩的床单、桌上铺的台布，也都是用绚丽多彩、耐用的尼龙和化学纤维做的。

正当你看得出神，忽然窗外飞来一只足球，"砰"的一声，撞在玻璃窗上，你不禁大吃一惊。但玻璃仍是好好的，一点破裂的痕迹也没有。这是怎么回事呢？原来窗上装的是"有机玻璃"。我们现在窗户上用的叫"无机玻璃"，很容易碎裂。而有机玻璃是一种透明的塑料，它很坚韧，用棍子也敲不碎。

地板用的是聚氯乙烯和人造橡胶，既美观又光洁，和橡皮一样有弹性，走在上面轻软舒适，而且还具有耐磨、防水和擦洗方便等优点，永远光洁如新。墙壁和天花板也像大理石一样光洁，有奶黄色的、苹果绿的、粉红色的、天蓝色的等各种漂亮的颜色。墙面脏了，用水一洗就干净。再用塑料外墙面穿上一层薄薄的永不生锈的轻金属"外衣"，它就更光彩夺目、坚固耐久了。

这些塑料做的屋顶、板壁和门窗上的铰链都用"万能胶"胶合得天衣无缝。如果要在墙上挂镜框和衣服时，也不用钉钉子，只要把塑料做的钩子，用万能胶粘在墙上就牢固了。

你再仔细观察，怎么屋子里找不到一根管线，甚至连电灯也没有。到晚上，只要一按电门，天花板和四周墙壁就会泛起一片柔和明亮的光芒，如同白昼一般。噢！原来所有的电线和电灯都藏在墙壁和天花板里了。那时候已不用灯泡，也不用日光灯管了，而是将一种"发光板"装在墙内，通上电流就能发出柔美的光线。如果你想看电视，只要转动电钮，光滑的墙面上就会出现巨大的立体电视，好像在房间里看真人演戏一样逼真。原来墙壁里装有激光显像器。你想，这些该多么有趣啊!

每幢房子上都装有太阳能电池,可满足家庭的全部能源需要,室内装有太阳能空调器,使房间里保持宜人的温度,四季如春。

用塑料和轻质材料建房,最大的特点是轻便。现在,如果要盖一座能住 250 人的集体宿舍楼房,光运砖就得用 100 辆大卡车来装运。将来用塑料和轻质材料,只要 4 辆卡车就能把在工厂里预制好的屋顶、墙壁、门窗、地板、楼梯等等全部运送到工地。两三个工人操纵着机器,就像搭积木一样,把一座大楼房很快地拼装起来。当天就可以搬进去住新房了。

这样轻巧的房屋,用不着再为它打基础,随便放在哪里都行。为了防止大风把房子吹坏,只要在地面上打几个固定桩子就可以了。

未来的房屋还可以装在转盘上,大的建筑物如教学楼、医院、办公楼等,底下装有轮子和轨道,用电脑控制,根据气候的变化能自由转动。冷天,人们需要温暖的阳光,房屋的正面窗户就会朝着太阳转;热天,人们需要凉风,窗户就会迎着风向转。这样病人能得到充足的阳光;同学们在教室里上课也会晒到太阳,但阳光照不到黑板上,噢!原来前面用的不是黑板,而是银白色的电视屏。

如果要搬家,只需叫一辆大卡车,或用直升飞机就能把房子连同家具一起搬走了。假日里,全家还可以把住房搬到山清水秀、风景美丽的地方去愉快地度假。那时候,才是名副其实的"搬家"哩。

32. 悬挂建筑

高层建筑因具有节约用能,减少污染的优点,已成为目前城市建筑发展的趋势。不过,高层和超高层建筑受到的风力大,地震时容易倒塌,楼房也容易下沉,因此,科学家正在设计其他形式的建筑。

　　有些建筑师从大树的结构中得到了启示：大树之所以不怕狂风暴雨和地震的威胁，主要是因为它具有固定在泥土中的庞大的根系、坚固的树干和披挂于枝条上的树叶。于是，建筑师设想，把房子的垂直结构建筑成坚固的"树干"，并同时使它深深地"扎根"于土壤和岩石中。楼梯、电梯等安装在"树干"内，作为上下通道。在"树干"上安置很多根挑梁，像树枝那样伸展出去。一只只用轻质材料冲压而成的房间，像树叶那样悬挂于挑梁上。这样，新型的悬挂建筑就诞生了。

　　这种悬挂建筑不仅具有优良的抗风、抗震性能，居住在里面可以高枕无忧，而且建造比较方便，避免了高层、超高层建筑施工中笨重的体力劳动以及给交通运输、工程占地带来的种种不便。一个个悬挂的房间可在工厂冲压成形，由汽车运到工地，再用吊车或直升机把它们一一挂在挑梁之上就成。

　　这种悬挂式建筑为人们的居住提供了许多方便。它通风好，可以保持室内空气新鲜。房间位置可以任意调换，高层、低层、左侧、右侧，随意选择。如果谁家的房间出了毛病，只需单独检修，对其他居民以及整个建筑没有丝毫影响。搬家也不需要兴师动众，把悬挂房间取下，由汽车或直升机运到新的"树干"处，再挂起来，人们就有了新居了。

33. 可生长的房屋——植物建筑

　　现在的房屋一旦建成就不再变化。未来的一些房屋将是会生长的植物建筑。80年代初，美国芝加哥建造一座行政大厦，楼房内既没有砖墙也没有板墙，而是用一种活的植物将房间隔开，成为一种能生长的"绿色墙"。

这种植物建筑有着悠久的历史。古代，斯堪的纳维亚人为了防寒，把草种在树枝编成的屋顶上，形成厚厚的一层御寒屋顶，以保持住房的温暖。美国新墨西哥州的居民，从淤涸的河床上切下带草的整块泥土，砌墙铺屋顶，草生长起来，根茎相接，使建筑物连成一体，既增加了强度，又能隔热御寒，美化环境。

现代的植物建筑已不是简单的泥草结构，而是采用经过规整的活树木来作梁、柱和墙体。它不需要庞大的施工机械设备，而大体用两种施工方法：一种称为"弯折法"，利用树木自然弯曲刻出缺口，再使它长合；另一种叫"连接法"，把伤破的两枝条接合，用人工方法形成"连理枝"。建筑师运用这两种基本方法，可建造出许许多多构思巧妙、造型新奇、妙趣横生的拱廊、曲桥、屏风、围墙、商场、住宅、办公楼等。如果选择得当，建成的房屋可常年绿叶葱翠、百花艳丽、佳果不断。人们居住在这种房屋内，仿佛置身于美丽的大自然中，令人心旷神怡、神清气爽。

植物建筑结构简单，可以就地取材，施工方便，造价便宜，而且能将房屋建筑与绿化环境结合起来，有效地防止噪音与空气污染，吸收空气中的二氧化碳和粉尘，是十分理想的住宅。

34. 未来的人类居住环境

我们盼望的 21 世纪的人居环境，将达到怎样的美好境界呢？

（1）智能化的人居环境

这就是具有高功能性、高节能性的人居环境。所谓高功能性，即居住在这种环境中的用户，可通过住宅完善的计算机网络。综合数字网络及邮电通讯网络，充分运用国内国际直拨电话、可视电话、电子邮件、声音邮件、电视会议、信息检索等手段，使"足不出户便知天下事"的理想真正变为现实。例如，使用这种住宅的电脑系统，即可根据温湿度及风力等情况自动调节窗户的开闭、空调器的开关；若看电视，电话铃响了，则电视音量会自动降低；夜晚的立体声过大，房间的窗户会自动关闭以不扰民；若有陌生人进入房中，各种测控系统会发出特殊警告。

所谓高节能性，即这种人居环境中的住宅具有极高节能性质。从其传输媒介上看，具有规范化的布线系统标准，能将住宅的所有通信、生活、楼宇自动化统一组织在一套标准的布线上，从而避免了由于住宅传输媒介的多样化而造成的大量人力、物力、财力的浪费。从其单个家庭住宅的使用和性能上讲，又具有周期性短、适用性强的特点，即能根据单个住户的要求迅速改变住房的设计模式，以适应更高的舒适要求。这种单个住宅一般都不可在地基上建房，而是由专门的住房工厂制造好，再送到用房地点。

（2）村落化的人居环境

21 世纪，随着人们越来越痛惜人类原来美好的环境被钢铁、水泥、砖瓦、沥青和塑料所毁掉，人们将越来越看重田园生活般的村落化的人居环境，并向广阔的农村和海边发展，并将形成具有山乡、海滨特色的村落形态。

山乡的村落，将充满田园生活的乐趣和现代别墅生活的舒适，即有山乡浓郁的绿色景致和泥土的气息，又有现代多功能、豪华美观的和私宅别墅式的优雅环境。

海滨的村落，将由无数单个的多功能小型住宅组合而成，并形成清静、雅致、舒适而又温馨的小街道。各住宅户都能染上海滨小城城镇特色的各种淡淡的色彩，海风的气息常常从村落飘逸而过，令居住在此的人们常常感到舒畅适然。

（3）诗意化的人居环境

21 世纪的人居环境还会因其具有高度的自然保洁性能而使其极具

诗意。在这种人居环境中，绝对会避免住宅被各种烟尘污染得黯然失色、肮脏不堪的那种"遗憾"，而是具有因高度保洁所带来的一种自然风光的诗意：

住宅的上下左右都将被常青藤、牵牛花、拉拉藤、何首乌、爬山虎、铁线莲一类的植物所包裹，犹如披上了一件能吸尘的绿色披风；街道的人行道上都栽满了能产生香气的桂花树、玉兰花等树种；道路的绿化带、花圃的公共区域都种满了夜来香、玫瑰、兰花、四季桂花等上乘花草，使其花开时节暗香浮动，丝丝缕缕，沁人心脾。

在这种充满健康泥土气息、植物生长气息、通脾健肺和活经益气的诗意化的人居环境中，将永远地严拒尘埃的侵袭、臭气的熏蚀和脏水的污染，而将始终洋溢着"绿城"般的勃勃生机。

35. 未来的学习工具

功能奇异的未来笔

学习写字离不开笔，未来的笔式样新颖，功能多样，使用更方便。

液体铅笔。未来学生的书写工具中，使用最多的将是圆珠笔。这种圆珠笔同现在的不同，用它书写出的字迹在二三小时内能用橡皮很省力地擦掉，但过了这段时间就擦不掉，成为永久性的笔迹。这种圆珠笔也叫"液体铅笔"，它的结构与普通圆珠笔相同，只是用的油墨不一样。这种油墨是由一种磨碎的橡胶，加入一种低沸点、能在100分钟内全部挥发的有机溶剂制成的。

测光圆珠笔。工作学习时，光线不适当会影响视力。测光圆珠笔可告诉你选择的照明是不是合适。它的外形与电子表笔差不多，只是在笔杆上部开的小窗内并排装了三只小灯，并在笔夹上设置一个揿键。一按揿键，小灯便会发出亮光。发红光表示照明度不够，绿灯表示照明度适当，黄光表示照明太亮。

能计算的圆珠笔。在做算术或数字统计时，往往既要用计算器又要用笔记，能计算的圆珠笔能将两种功能结合起来。它的外形比普通圆珠笔略粗一点，笔的后部装有微型电子计算器，功能键和液晶显示器就在笔杆上。它可以进行加、减、乘、除混合运算，乘方、分数、负数、倒数及本利计算等运算。这种笔可供银行财会人员、统计人员做各种业务上的运算，也可以满足一般工程设计的运算。

手写体打字机

听课记笔记或写信时，采用打字机打印，既快又清晰；如果打印出的字体同自己手写的字体一样，那就更感到方便和亲切了。科学家正在研制这种手写体打字机。

手写体打字机很像现在的个人电脑打字机，它除键盘和印字装置外，还设有微电脑和微型存贮器。打字机内，预先储存有各种基本字的手写体和偏旁。打字时，按下键盘的字键，就能打印出自己书写的字体，或者由各种偏旁组合成的书写体。如果遇到一些冷僻字，只要用钢笔或铅笔写出来，临时储存进去，一按撤键，就能打印出来。

这种手写体打字机还有一些特殊的功能。如果你感到自己的手写体不好看，可以通过电子计算机的处理，使存放在打字机内的字体产生变形效果，就像将你的字体艺术化一样，同时又不会失去原来字体的个性。

这种打字机在日本已研制成功，它贮存有日文假名和汉字的手写体。通过电脑控制，打印速度比手写来得快，因此，这种手写体打字机既有打字机的文字编辑、记录功能，又能再现写字者的个性，提高打字速度，成了未来"速记"的好帮手。

新文具"娃娃"电脑

未来学生最时髦和常用的文具是计算机。它不仅是所有学生掌握知识的好帮手，而且是开发智力、提高能力的好老师。儿童用的是娃

娃电脑，这是一种取名为"娃娃"的家用小计算机。它的体积只有三本小学课本那么大，只要将它的插头插入家中电视机的天线插座里，就可以使用。娃娃电脑采用游戏的方式教幼儿识字、算术、绘画、音乐等。它的教学态度极好，从不急躁，也不大声呵斥，而是以美丽的图画、娓娓动听的话语循序渐进地进行辅导。

进入中学，计算机更是学生片刻也不可离开的文具。将来学生不仅要接受计算机操作训练，掌握基础的计算机语言，利用它来书写、做作业，而且能够独立编制计算机软件。

在各科课堂教学中，计算机都会成为有效的教学辅助手段。比如文学课的教学，先由"经典名著"的程序讲解剧本或故事，同时伴有暂停。这时荧光屏上就显示出多种选择答题，测试学生对内容理解是不是正确。选择正确，故事才继续讲下去，否则便出现蜂音，要求重新解答。对于一些需要花费较长时间的化学反应实验，一些比较难理解的原理、概念，以及一些难于观察到的自然现象，都可以通过计算机模拟，以更短的时间和直观的形式展示出来。训练学生实验能力，计算机更是好帮手。它可以和多种仪表配套，迅速、准确地进行数据处理，帮助学生完成实验，得出正确的结论。

放学回到家里，家用电脑"电视学习机"会指导学生复习功课。这种机器可以根据老师自编的程序进行工作。只要把软磁盘插入机器，它就会根据今天上课时老师所讲的内容提出问题来考学生。如果学生答对了，学习机就会自动提出第二个问题；如果答错了，它就会重新提问，或再一次讲解所学过的内容，直到学生理解为止。

为了扩大计算机的教育作用，还可以把学校、家庭的计算机与教学中心的计算机连接起来，形成全国性的计算机教学网络，进行各种文化课的讲授、辅导以及教学咨询等。到那时，学生坐在家中就可以学到各种知识。

无师自教的电子黑板

未来，在教师请假或缺少教师时，电子黑板可以充当通讯员，"传递"老师的讲课，指导学生完成学习任务。

电子黑板外貌与普通黑板相当，但它是用特殊的压敏材料制成的。当老师用粉笔在电子黑板上书写教学内容时，黑板除了向课堂上的学生显示字迹外，同时能将粉笔的笔迹转换成电信号，然后通过电话线传送出去。所以人们也叫它"压敏电子黑板"。

借助电子黑板，一个老师可以同时给几个班的学生讲课，甚至另外学校的学生也可以听到这位老师的讲课。电子黑板可以将主讲教师在黑板上写出的粉笔笔迹，通过图像收发机转变成数字符号，再送到其他教室或另一所学校的电视屏幕上。老师的声音则可以通过机内的话筒，由电话机传递过去。如果是闭路电视，还可以显示老师的身影。这样一来，如果有老师缺席，就不用担心无人上课了。

电子黑板还有其他的优点。人们可以在遥控站接收黑板传递过来的数字符号，转换成图像，作为教学交流或评定教学效果用。另外，还可以在接收端接上一台拷贝机，把电视屏幕上的图像和话筒里的声音复录下来，作为学生复习和家长家庭辅导使用。

会说话的声像书刊

不久的将来，一种绘声绘色的图书和报刊将会普及，人们称它为声像书刊或电子书刊。

声像书刊主要由两个部分组成。一是存贮信息的装置，通常是磁盘或光盘，它存贮有书刊的全部文字、插图和声音等信息，内容非常多，而体积很小；二是比普通杂志还小的电子阅读器，它操纵、显示和传播文字图像和声音。电子阅读器的前端，有一个书页大小的平面屏幕，它的后面有照明，屏幕左右有喇叭，下端有按键，按下不同的键，可以挑选书刊的内容，并在阅读器上显示和朗读出来。

声像书刊内容多少取决于光盘的容量。一张碟子大小的光盘，可

存贮十年的《人民日报》内容。随着电子技术的发展，声像书刊可存贮一部大百科全书的文字图像和声音，而且人们还可以通过更换记录的卡片或盘片来换书刊的内容。另外还有一种可能，人们只要在书刊上附加一只合适的装置，就可以与远处的朋友联系，借阅电子书刊，在你的阅读器上收听或阅读。

1984 年初，美国一家出版公司研制出第一部会说话的《美国社会科学百科全书》，读者读有关贝多芬生平介绍时，能听到他的交响乐；看着马丁·路德·金的照片，能听到他的慷慨演说。这种电子书刊也为盲人读者提供便利，只要熟悉阅读器上的按键，就能欣赏一本他所看不见的书刊的精彩内容。

声像书刊具有比印刷书刊更准确、更形象、更深刻的传播知识的特点，但不可能完全取代印刷书刊。因为它不能像印刷书刊那样随身携带，也不可能带到火车、汽车上观看，而且，长久地阅读荧光屏上的文字图像，也会使人感到吃力。

衣兜里的图书馆

将来的一天，北京图书馆收藏的全部图书资料都可以记录到一块 1 厘米见方的胶片上。这样，你可以将世界上几个最大的"图书馆"放在衣袋里带来带去。

装有偌大图书馆的胶片，是全息胶片。全息胶片是通过一种新颖的全息摄影技术拍摄的。它通过一套特殊的装置，用激光束把一页 135 胶片大小的资料内容聚焦成一点，通过光的干涉拍摄到全息胶片上。因此，在拍摄好的干版上微小的一个光斑，就包含一页 16 开大小的资料。这份资料可以显示 1500 个汉字。我国目前研制的全息大容量存贮器，每个光斑的直径为 1 毫米，一张书页大小的干版可记录 1.6 万多个光斑，相当于存贮有 300 页的图书 100 多册，实现了图书资料的缩微。

这种缩微的图书阅读起来也十分简单。只要用一束与贮存时相同

的激光，准确地射向要显示的某一面资料的光斑上，由全息图点衍射出来的光波，便能准确地在毛玻璃做的光屏上重现出资料内容。如果需要缩小或放大画面，只要移动毛玻璃的前后距离就能达到。

实际使用中，有一种电子阅读器，它插有多块全息干版，收藏的资料多达数百万页。阅读时，只要按下显示屏下方的索引地址按键，集成控制电路就能很快地选取某一干版，取出要查找的光斑，供你翻阅。如果需要详尽地了解某篇论文或一本书的内容，可以按下控制钮，复制装置便会把所显示的一页复印下来。

将来，这个微型"图书馆"会做得比纽扣还小，可以把它装在微型计算机里供随身携带，或者组成计算机图书网络。人们只要随身带一只终端装置，就可以阅读到网络上任何一个图书馆的资料，非常方便。

36. 未来世界的电脑

第五代个人电脑

这是一种新型的个人计算机。你端坐在家中或办公室里，按动键盘，它便以悦耳的声音告诉你："电台正在广播一篇文章，也许你会感兴趣。"说话间，激光打印机已经无声无息地把那篇文章打印出来。这种新的个人电脑，称为第五代个人电脑。

它是超大规模集成电路和人工智能等高新技术的产物，是一种能够识别声音、图像，具有学习和推理功能的计算机。

第五代个人电脑配有一种像人那样能听会说的电脑附件，与电脑一起使用，能听懂两万个单词。因此，这种电脑能将人们口述的信件打印出来；能将人们嘱咐它的事记录下来，办好以后又能向你通报。当电脑掌握了辨认声音的本领时，就有可能通过电话远距离地控制电

器。例如，你外出旅行时，遇到刮风下雨，可打电话关照电脑发出控制命令，把门窗关好；让电饭煲将饭烧好，好让你们到家就能吃饭。

这种电脑还具有容量惊人的微型存贮器及大量软件，使电脑能一"心"多用。它能边做复杂的计算或其他工作，边通过程序指导操作者。比如，教育软件能让电脑指导你做作业；外语教学软件则能教学生正确地发音；爱好艺术的人还能通过电脑剪接录像带，自制电视节目等。

第五代个人电脑具有过人的记忆功能。大到百科全书、《辞海》，小到邮政编码、电话号码和亲友的生日等都能存储在电脑里，需要时，按下揿键，电脑便能显示出来，它能自动拨通电话，还能及时提醒你过生日。

这种电脑还可代你写文章和起草文件。你只要通过键盘将自己的构思输入电脑，显示在荧光屏上，经过文字处理机处理，就可整理成精彩的文章。待你审查满意后，可以由配套的激光印刷机印制成文件或书刊。

增强智慧的智能机

现有的计算机虽然一直被人们称为"电脑"，但它只能代替大脑的一部分功能，与人脑差距甚远。人的思维过程，包括对信息的摄取、组合、传递和输出，都是在神经网络中进行的。当一组外界信息输入人脑后，几乎所有的神经元都会同时参与处理，充分体现了人脑的综合能力和创造能力。然而现在的计算只能在上一步运算输出的基础上，才能进行下一步的运算。因此，科学家正在创造各种各样的智能机，例如，能自己读懂大学课程的学习机，会联想的计算机，以及具有广博知识的专家计算机等。

美国耶鲁大学的专家们曾制造一部智能机，它可以阅读英语、法语、西班牙语的报纸，并且能作出简明的文章摘要。*1978* 年，报纸上刊登了人类学家玛格雷特逝世的消息，这架智能机阅后作了这样的摘要："人类学家玛格雷特米德因患癌症去世，享年 76 岁。"

有了这种智能机，还要给大脑与计算机建立起一座桥梁，使它们的信息能互相交流。也就是说，让计算机及时了解大脑在想什么，需要什么，才能主动地提供各种资料，帮助大脑记忆、推理、计算，使大脑的潜在智力得到开发。

科学家正在研究脑电图拾取器和脑磁图拾取器，计算机通过脑电波的波型变化和相应的磁场变化，可以掌握大脑活动的脑信息。美国科学家已研制出一种脑磁测量仪，并得到人脑活动的磁图。根据大脑各部分的磁信号，编制成特定的程序，传输给计算机，让计算机懂得这些信号。另一位科学家还发明了一种极细微的"神经电话"，通过微电极、计算机的信号就能直接传给大脑，解决大脑所需的技术性问题，以便集中力量进行创造性思维，解决最有价值的问题。

也许将来有一天，你想要解决什么问题，只要戴上脑磁图拾取器，接通"神经电话"，大脑中就会涌现种种发明创造的画稿，智能机会替大脑记忆、思考、运算、回忆、比较和选择，使人类的创造力能够最大限度地发挥出来。

比电脑更"聪明"的光脑

光脑是由光导纤维与各种光学元件制成的计算机。它不像普通电脑靠电子在线路中的流动来处理信息，而是靠一小束低功率激光进入由反射镜和透镜组成的光回路来进行"思维"的，但同样具有存储、运算和控制等功能。

计算机的"本领"大小，主要决定于两个因素：一是计算机部件的运行速度；二是它们的排列紧密程度。从这两方面看，光比电优越得多。光子是宇宙中速度最快的东西，每秒达 30 万公里，并且光束可以相互穿越而不产生影响。电子就不行，它在半导体内的运动速度约每秒 60—500 公里，最高也达不到光速的十分之一。另外，超大型集成电路中，一些片状器件的线脚已达 300 多只，排列密度受到限制，

而光束的这种互不干扰特性，使得科学家能够在极小的空间内开辟很多的信息通道。例如，贝尔实验室的光学转换器就可做得那么小，以致在不到 2 毫米直径的器件中，可装入 2000 多个通道。

从理论上讲，光脑的运算速度可提高到 1 万亿次，比现代的电脑还要快上千倍；其次，光学器件还有信息量大的优点，一束光可以同时传送数以千计的通道的信息。然而，光脑的制造在理论上和技术上还有许多问题没有解决。作为第一步，科学家利用光计算机驱动能量小的特点，把电子转换器同光结合起来，制造一种光与电"杂交"的计算机，然后再改变光脑的"配角"作用，使它成为信息技术革命的主力军。

37. 未来的工作环境

办公室自动化

未来的社会可称为 3A 社会。所谓"3A"，就是工厂自动化、办公室自动化和家庭自动化。

办公室的工作离不开起草文稿、传递公文、数据运算、图表分析、存储档案等工作，处理这些日常琐事往往费时费力，远远满足不了未来社会迅速收集信息、分析信息、储存信息的需要。办公室自动化就是运用计算机来完成上述工作。

在未来的办公室，工作人员将在计算机终端屏幕前工作。无论是书信往来，还是信贷、会计，都靠电子计算机来完成。写字，有光笔，用它能在荧光屏上"写"字"绘"图，还能随时修改。用光笔起草文件、设计图纸非常方便。写文件材料，有口授打字机，能将人的讲话直接转化成文字，不必经过打字员打印。搜集、整理材料、文件，可以用"阅读"机，它可以对文件、照片等进行光学扫描，并将"看到"的内容进行数字化处理后贮存起来，查阅非常方便。

办公室自动化不仅可以提高工作效率，减少差错，而且还带来了办公方式的改变。现代化的设备使工作人员不一定都集中在同一办公楼内工作，有些工作人员可以在家里或其他地方工作，只要把他所使用的计算机纳入整体计算机办公系统就可以了。所以，工作人员的办公地点、工作时间将更灵活。

尽管计算机进入办公室好处很多，但也有不尽如人意之处。在一些电脑化办公室里，人们已产生了对于健康状况的忧虑。由于每天长时间地在电脑终端机的荧光屏前工作，头疼、视力下降等症状经常困扰工作人员，神经的高度紧张也会引起其他疾病。因此，改善办公的条件，如采光、通风、取暖等，也更加引起人们的注意。

智能大楼

这是用电子计算机控制管理的建筑物。当人一走进室内，窗户立即自动开启，室内的光线会自动调节，无论哪个座位都会感到舒适柔和。整座大楼的冷暖都可以调节，做到四季宜人，所以叫智能大楼。

智能大楼可以作教室大楼，也可以作办公室大楼，它有高度的自动化功能。如果作为教室，上课时间是关闭不接待客人的；如果是办公大楼，来访者只要在一台打字机样的机器上，打入要访问的公司或部门名称，一个柔美的声音就会告诉他应该乘哪一部电梯、到几楼。来访者走进电梯，电梯便自动启动，这时电梯里的显示屏在报道今天的天气预报和国内外要闻。不一会儿，那柔美的声音会提醒他，第几层到了。当来访者来到这一层的公司会客室时，里面还是一片漆黑，就在他推门跨入的一瞬间，房间里顿时灯火辉煌，空调机也会因季节不同吹来热风或冷风。

在智能大楼里，光学玻璃纤维做的光缆纵横交错，以电子计算机为中心，形成一个通信网。教室或办公室都装有电视通信设备，进行电视教学或工作联系。这里的电视是双向的，老师可以坐在办公室向

各班同学讲课，同学可从电视屏幕上看到老师，老师也能见到各教室的同学，并听到学生的提问，就像当面授课一样。这样的办公大楼，公司经理不用走出办公室就能掌握各部门的工作进展情况；必要时，还可以在电视会议室参加国际性会议。工作人员用文字处理机、数据处理机和个人计算机处理日常业务，办公效率大大提高。

智能办公大楼是一座电子楼，它以大楼建筑作"躯体"，电脑和电子装置就是头脑和神经，组成"有血有肉"的大楼。学生和工作人员有没有缺勤和迟到早退，电子装置会自动考勤；老师和职工的工资到时会自动支付。更有情趣的是，智能大楼还用负离子调节周围的环境，树木常青，处处鸟语花香，楼房沐浴着阳光，使人心旷神怡。

宇宙工厂

地球上已经有很多工厂，为什么还要到宇宙中建造工厂呢？因为地球上的工厂大都以煤、石油作为能源，排出的废气、废料会严重污染环境，给人类的生存造成威胁。宇宙工厂所用的能源是太阳能，对环境没有污染。太阳能又是取之不尽用之不竭的廉价能源，所以在宇宙建造工厂有很高的经济和社会效益。

另一方面，宇宙空间具备无重力、高真空、超净和极端的温度等条件，这种特殊的空间环境是生产某些特殊物品所必需的，而地球不可能提供这么好的生产环境。例如，火箭中需要耐磨的铅铝合金，可是由于地球引力的作用，在熔化这两种金属时，铅总要沉到底部，冷却后，得到的不是一种均匀的合金块，而像一块分层的蛋糕。如果在宇宙工厂里生产这种合金就方便多了。因为在那里任何物体都失去重量，这样，两种金属不会因比重不同而分层。根据统计，约有 400 种地面上无法制造的合金能在宇宙工厂中制造。

在宇宙工厂里还可以制造生物体和药物。在太空中，有些细胞生长速度很快，分离也比较容易。1992 年 10 月 14 日，我国利用一颗返回式卫星作搭载培育生物试验，培制出防癌生物——石刁柏，证明了

我国在太空制药上的成就。

令人高兴的是，在宇宙工厂加工所需要的原料并不完全依赖地球，因为月球和众多的小行星几乎拥有空间加工所需的一切原料。

可以预见，不久的将来，航天飞机将频繁地在太空中飞行，把宇宙工厂一中生产出来的"稀世珍宝""灵丹妙药"源源不断地送入世界大家庭，造福于人类。

第四章

学生未来科技生活的体验

1. 生命的修复

世界最宝贵的财富也许就是生命了，因为生命对每个人来说仅有一次。在人类生命的长河里，天灾、人祸、疾病以及遗传等诸多因素致使部分人肢体残缺、器官功能丧失，备受生活的煎熬……然而，在科学迅速发展的今天，日新月异的高技术给这些残疾者带来了福音——残缺的身体可以修复！

德国科学家将信息技术、微系统技术与神经科学结合起来，研制出一种供盲人用的假眼。德国科教研究部刚刚批准这一计划，并拨款2000万马克，拟批量生产这种假眼。

该假眼是德国波恩大学的罗尔夫·埃克米勒教授和法兰克福研究所的电子学家共同研制的。其原理是：首先将摄像机拍摄的画面通过神经计算机变成一种光信号，经过编码的画面再通过激光传至装在视网膜后壁上的芯片，所产生的电脉冲传至视网膜上的神经细胞，最后画面上的所有信息通过光学神经传至盲人大脑。此时盲人就能像正常人一样观看摄像机所拍摄的画面。这种假眼的问世将使盲人重见天日，感受到大自然的美好。

数字式助听器给听力下降患者带来了很大的方便，但对于完全失聪的聋哑人来说助听器无济于事。目前欧美国家已经研制出一种供聋哑人使用的假耳。将这种假耳放在聋哑人的耳蜗内，便能产生听觉。这种假耳制作十分复杂，因为对于健康人来说，从一种声音发出传到耳朵，再到耳朵听见，这虽然只是瞬间之事，但要涉及到3万个神经细胞，假耳也必须仿造人耳构造才具有听觉功能。

由于各种疾病和事故，全世界每天都有不少人失掉双腿，假肢的需求量也因此越来越大。欧洲科学家正在实施一项"让你站起来"的计划。英国科学家已研制出一种假肢，使 1 名因车祸失掉双腿的 34 岁的妇女连续站立 4 分钟。别小看这 4 分钟，对朱莉·希尔来说多么不易啊。医生在朱莉·希尔的脊柱两侧放置 6 对总共 12 个电极，让每秒产生 12 至 15 次的电脉冲作用于肌肉神经。朱莉·希尔只需按一下微型电脑电钮，便能启动控制电脉冲的程序。安装在她胸部的接收器一旦接收到指令，肌肉便开始动作。当然，朱莉·希尔仍离不开拐杖。

德国神经治疗中心的沃尔夫冈·多尼赫教授正在研制一种能让患者扔掉拐杖的人工行走系统。他研究的对象是终身被困在轮椅上的截瘫病人。多尼赫教授担心在患者身上试验有危险，他利用计算机技术设计了一个虚拟截瘫病人，并给"他"安装了 180 块肌肉。他使其中一块肌肉活动，仔细观察这块肌肉的运动对于其他肌肉以及整个身体的影响。在此基础上多尼赫研制出一个名为"弗雷聚"的机器人，并将机器人与计算机相接。在计算机的作用下"弗雷聚"站立起来，而且站得十分稳当，来个"金鸡独立"它也不会摔倒，即使用外力使其摇晃，它仍是"岿然不动"。1996 年夏天，多尼赫下决心在人身上做试验。好几个截瘫病人愿意接受试验。多尼赫教授准备让这些患者在人工行走系统的帮助下扔掉拐杖，走出轮椅。

在现代电子和生物技术的完美结合下，盲者重见光明，聋者恢复听觉，瘫痪者重走人生之路已不再是梦想。随着高新技术的飞速发展，展示在残疾人面前的将是重铸人生的美好前景。

2. "透视"基因

随着 DNA 指纹图及其相关技术的不断更新和日趋完善，近年来，

DNA 指纹图技术已扩展到生物学的各个领域，并日益显示其独特的优势。

一个弄清人类全部基因蓝图的国际计划正在进行。其中美国华盛顿大学的默克教授教导的小组，每组要确认 400 个新的基因序列至 1996 年 3 月，他们已确定了 35.5 万个基因序列。在 21 世纪初，人类就可以把 30 亿个密码的排列情况，10 万个基因的情况研究清楚。

有科学家预计，未来 10 年，10 大产品将彻底改变人们的工作和生活方式，并使人们更深刻地感受到科学技术的神奇力量，而其中第一项就是基因药品。人类对自身基因的研究和基因工程的进展，将在今后 10 年中使制药业取得飞跃，治疗骨质疏松、老年性痴呆等疑难杂症的药物将问世，艾滋病的治疗也将取得突破。人们可以了解自身的基因图谱，医生诊断时需要考虑病人的基因组成。

目前，科研人员已能够识别某些可导致人体患癌的遗传基因，这些癌症包括乳腺癌、结肠癌及一些罕见的癌症。

美国一些研究儿童基因疾病的科学家，已经分离出一种特殊的基因。据称，大约有 1% 的美国人（即 2600 人）携带这种基因，这种基因称为毛细管扩展变异基因。科研人员认为携带这种基因的人，其发生癌症的概率要比其他人高出 3 至 5 倍。这些癌症包括肺癌、皮肤癌、胃癌和胰腺癌等。使用 X 线检查，较易判别是否携带有这种基因。

不仅如此，英国伦敦大学基因学教授史蒂夫·琼斯最近在英国科学周刊上发表报告指出，社会进步特别是医疗条件的改善，使得自然选择的威力逐渐在人类社会中失效，人种已开始退化。

他认为，自然选择是生物进化中的主要力量，经自然选择的物种均是适应环境的优良品种。过去由于人类生存条件艰苦，新生儿死亡率很高，人们从小到大均面临着生存的威胁，因而生理和心理素质较高的人才得以生存下来，这也使得人类的基因不断改良。二次大战后，

全世界的生存条件特别是医疗条件有了极大的改善，因而自然选择的威力越来越小，使得大量因为基因变异而产生的素质不高的基因能够遗传下去，最终导致人种的总体退化。他还指出，近几十年来，由于化学制剂的广泛应用，男子的精子减少、质量下降，使得后代的基本素质也比以前降低。另外，受教育程度高的人生育的子女少，受教育程度低的人生育的子女多，导致人口素质的逆增长。这都将导致人口素质的逐步退化。

因此，一些人士提出利用基因监测技术选择理想的胎儿，以人工优生方法代替自然选择。

另外，台湾的一位教授经过20多年的研究，于1988年提出基因与人类行为的因果理论，认为对具有犯罪、精神病等倾向的人，可以通过基因矫正或蛋白质化合物的药物补充来达到预防、治疗的效果。

目前我国正在组织科学家执行一个弄清水稻全部基因的计划，已取得一些重大成果，预计我国可以在世界上第一个得到全部水稻基因的图谱。不久前从中国科学院遗传研究所和中国水稻研究所传来捷报：用DNA指纹图技术鉴定杂交水稻种子的真伪获重大突破，并初步建立了一套鉴定"汕优63"的分子检测技术体系。多少年来，作物种子质量一直是农业丰歉的根本问题。随着这项工作的深入开展，其他水稻杂交品种及其他作物种子的鉴定工作，可望短期用上DNA指纹图技术。

美国科学家最近分离出了促使植物开花的遗传基因"开关"，这一成果有可能人为地控制作物的成熟时间，缩短生长周期，或者改变某些作物在一些地区不适宜生长的状况。

黑龙江水产研究所的科技人员巧妙地把鱼和牛、羊的基因相联后培育出的鱼，既保留着鱼的鲜味，又长得快、个儿大。前两年就推上市场的一种"生物工程"新型西红柿，无须采取任何防腐措施。即可

存放三周。

也许在 20 年内，人们将按基因选择饮食，达到延年益寿的目的。科学家们已经发现，同样的食物所引起的体内生物化学变化的程度是不同的，而产生这种差异的根源是基因。

这个概念是由英国食品研究所的加里·威廉森提出的。威廉森博士研究认为，一些蔬菜如椰菜和卷心菜等，含有许多能刺激体内起防卫作用的化学物质谷胱甘肽转移酶。它被认为是决定一个吸烟者是否会生肺癌的一种因素。他说："人口的大约一半具有能产生这种物质的基因，而另一半则没有。这就是为什么有些人能终身吸烟并在 90 岁时寿终正寝的原因所在。"如果一种食物含有谷胱甘肽转移酶，那么，体内不能产生这种化学物质的人们就能从吃这种食物中大大得益。

威廉森博士的研究对公众健康的意义是惊人的。未来的营养指导将不再像现在这样笼统，而可能是因人而异的。

在穿用方面，我国国家级重大科技攻关项目"转基因抗虫棉的培育及其杂种优势利用研究"已取得突破，这个由江苏省农科院负责的研究项目，成功获得了抗虫棉品系 11 个，杂种优势组合 3 个，并在江苏、湖北、安徽、河南等省累计试种 1.12 万亩，抗虫效果达 80% 以上。

由此看来，基因技术的应用前景远不止公安等部门。在医药行业，可以把人的基因转移到微生物中生产疫苗、细胞因子、激素、抗体等；在农业领域，可以把经济价值低的植物的耐寒抗旱、耐盐碱、抗病虫害的基因甚至微生物的基因，转移到经济价值高的农作物中，培育出高产粮棉油作物和果蔬；在环境保护方面，通过基因重组手段可以把多种微生物的特点综合起来，培育出一种超级微生物，用以高效率地分解城市垃圾或处理工厂废水。此外，基因工程在化工、食品、轻工、采矿、能源、国防等众多行业和领域都有不少已经成功的实例和非常

光明的应用前景。

3. 未来的人行道

有些国家大街上已出现自动运送行人的人行道，日本某地的自动人行道，以每小时 *3.2* 公里的速度每日输送 *100* 多万乘客。法国巴黎的自动人行道穿越巴黎新的商业中心，每小时可输送 *1.9* 万人。

自动人行道实际上是一条能自动前进的传送带，好像工厂中的流水线一样。在一些大型商场、车站或机场的候机大厅里，采用的一种水平运转的电梯，就是这种自动装置。自动人行道就是建造在马路上的平面电梯。

自动人行道可分快速道和慢速道。快速道的最高速度可达每小时 *25* 公里，相当于市内公共汽车的速度；慢速道的速度是每小时 *5* 公里，相当于人的步行速度。为了在加速时保证乘客的安全，他们可以先踏在一条每小时 *3.2* 公里的输送带上。这条慢速道运行缓慢而平稳，在它到达与它平行的快速输送带前，先要经过一段曲线运动，然后这两条输送带以每小时 *16* 公里的速度并行，它们连锁在一起，以防滑动或分离。这样乘客可以很容易地转到快速平台上。到达目的地，或者乘客想离开自动人行道，再按照和刚才相反的顺序，就可以走到不动的地面上。

自动人行道的出现，使城市交通增添了新的途径。科学家还在设想，用自动人行道把繁华商业区以及其他公共设施联结成一个整体。到那时，只要登上自动人行道，就可以畅通无阻，到达所要去的任何一个地方。

4. 未来的列车

一种奇特的交通运输系统——管道飞行系统，将在 21 世纪出现。它是由超高速飞车和无空气隧道组成。飞车在隧道中行驶，时速高达 2 万多公里，是现在客机飞行速度的 20 倍。有人把这种飞车称为"炮弹"列车。

这种列车所以有如此高的飞行速度，原因有几个方面：一是飞车的形状做成流线型，可以最大限度地减少空气的阻力。二是它不是以汽油为燃料，而是依靠电磁力推动的。列车行驶在一种特殊的轨道上，这种轨道在通电后能产生一种向上的浮力，可将列车整个托起。这种列车，人们称为磁浮列车，它不像普通火车那样行驶在铁轨上，而是浮在轨道上，有点像冲浪板在波浪上的飘行。第三是由于列车行驶在一种隧道中，其中的空气已经被抽去，所以，列车行进时几乎没有空气的阻力。。

磁浮列车已在日本、法国、德国和美国研制成功，一种专门的能熔穿石块的地道钻机也正在研制，这些技术都为飞车的出现打好了基础，不久，这种飞车将成为高速交通工具。

5. 智能汽车

有这样一种汽车，它沿着马路急驶，如果前面突然有人从路旁横穿马路，或者临时发现什么障碍物，汽车就立即自动刹车；而当路人已经穿过，或者障碍物已经搬走，它又徐徐开动，继续前进。这就是

国外最近研制成功的智能汽车。它可以自动启动、自动刹车，也可以自动绕开一般的障碍物，顺利前进。它的主要特点，就是在错综复杂的情况下，能"随机应变"，自动地选择最佳方案来操纵和驾驶车子运行。

智能汽车的操纵、驾驶系统，由道路图象识别装置、小型电子计算机和用电信号控制的自动开关三部分组成。这种道路图象识别装置，就是安在汽车前面的两架电视摄影机。它如同人的"眼睛"，用来识别前方的障碍物。为什么要用两架电视摄影机呢？这是因为用两架电视摄影机所得到的电信号，可以分清是阴影还是障碍物。这种道路图象识别装置，能看清前方 5 米至 20 米的空间，并按 1 米的间隔对 16 个地点进行扫描。按照汽车的运动性能，把高度在 10 米以上的物体作为障碍物来处理。在扫描中，如果前方有了障碍物，就发出电脉冲。由于对 16 个地点进行扫描，前方障碍物的分布状况就可以很清楚地识别人。

小型电子计算机，如同人的"脑"，是用来进行判断决策的。从道路图象识别装置获得信息以后，就要作出判断：汽车是继续开下去；还是停下来、后退或减速？这些都要根据当时当地的实际情况，来选择最能适应环境的下一个动作。设计师预先对各种情况的场合，给予充分的估计，将最佳的一组组操纵参数输入到电子计算机的存贮器中。在行车时，利用计算机相应地进行检索就行了。汽车在行驶时，必须遵守交通规则，服从交通警、指示标等方面的指挥，因此，智能汽车的电子计算机还具有接受、存贮和处理这方面信息的能力。

在智能汽车上，过去由人的手脚控制的开关，转变为由电信号控制的自动开关。汽车的转向器、节流阀、制动器等等，也都是由指令信号来控制操纵。操纵角可以达到 ±120 度，时速 0～60 千米，制动器的负加速度为 0～0.3 米/秒^2。它根据事先的安排，遵循指定的路线把乘客送往指定的地点。在行车时，可以转变，也可以超越前面的车辆。

目前，智能汽车仅限于晴天使用。要在阴天和夜晚使用，还需进一步探索，这个问题解决了，就可以广泛应用了。

6. 巨型运输机

1970年1月21日，世界上第一架波音747飞机正式投入美国泛美航空公司纽约至伦敦的航线服务。这架首航航班的机票早在两年前就开始预订，许多人都想自己获得首次乘坐这架世界上最大的民航客机的殊荣。324名幸运的旅客开始了这次颇有纪念意义的旅行。经过6小时10分，跨越了浩瀚的大西洋的客机终于在伦敦希思罗机场降落。

波音747迄今仍然是世界上载客最多的宽体客机。1988年开始交付使用的波音747-400型飞机，客舱分上下两层，下层为主客舱，每排10个座位，两条过道，共可载客523名，上舱可载客69人，全机共载客592名。这架飞机有多大呢？它的机身长度为70米，机高近20米，两个"翅膀"（机翼）张开的长度有64米多，它的重量可想而知，最大满载重量近400吨，真是个庞然大物啊！

波音747投入使用25年来，共有1046架飞机在世界83家航空公司服务，航线遍及世界主要城市。粗略统计，这25年里，全世界人口的四分之一，即约15亿人乘坐过波音747。可见大型旅客机在世界民航运输中扮演着何等重要的角色。

载客量为亚军的大型宽体客机是欧洲空中客车工业公司研制的H-340最大载客量为440名。前苏联研制的依尔-86大型宽体客机，载客350名，只能屈居第三了。

从世界民航机发展史上看，随着时代的进步，民航客机的载客量有逐渐增大的趋势。世界第一架旅客机出现于 1919 年，那是英国人制造的 4 座旅客机。只有 1 台发动机。飞机前面有螺旋桨。在 30 年代，美国研制的 DC - 3 飞机使用相当广泛。它的军用型 C - 47 就生产了 1 万多架。直到 50 年代，由于发明了喷气式发动机，才出现了喷气旅客机。美国的 DC - 8 飞机，可载客 259 名，波音 707 飞机，载客 219 人，美国总统的专机"空军一号"就是用波音 707 飞机改装的。前苏联的图 - 104 飞机，载客 100 人。1957 年，毛泽东主席赴前苏联访问时就是乘坐这种飞机的。70 年代，就出现了本文前面介绍过的大型远程宽体客机波音 747。

在世界上出现的巨型运输机中，除了运送旅客的民航客机外，还有以运送物资为主的运输机．以其吨位和载重而言，世界之最当属前苏联的安 - 225 运输机。

1990 年 9 月，在英国伦敦附近范堡罗举行的国际航空展览会上，安 - 225 飞机做了飞行表演，许多人都曾参观了这架世界上最重的飞机。

安 - 225 飞机是 1988 年首飞成功的，只造了 1 架。它有 6 台发动机，最大满载重量 600 吨，比波音 747 - 400 还重 200 吨。可以负载 250 吨的货物。它的巨大货舱里，能装 16 个集装箱；80 辆小轿车。更有意思的，飞机的脊背上能负载超尺寸的货物，它能运载前苏联的"能源"号航天器运载火箭和"暴风雪"号航天飞机，真是名符其实的"大力神"！

美国也有一种大吨位的运输机 C - 5"银河"号，但它的载重为 120 吨，只有安 - 225 飞机的一半。它的机舱分上下两层。运货时可运 2 辆坦克和 16 辆卡车；或者 6 架 AH - 64 直升机；或者运送 345 名士兵。

人类真是不可思议，能造出波音747、安-225和C-5这样的巨鸟，让它们在天空里轻盈地自由翱翔。

人类造的巨型运输机是不是已经到了极限了呢？回答是否定的。

即将到来的21世纪，还会有新的巨型运输机面世。

美国波音公司和欧洲"空中客车"工业公司已就研制未来更大型的民航客机展开了激烈的竞争。

美国波音公司计划在波音747飞机的基础上改进加长，使飞机的载客量达到600~800座。欧洲"空中客车"工业公司提出了A3××飞机方案，载客量将达到600~800座。

英国皇家航空协会最近发表了打算研制超级巨型客机的构想，前景更为诱人。这种飞机的机舱将分为四层：最高一层四楼是头等舱，可乘300人；三楼可乘650人；二楼是空中商场和餐厅，可供旅客购买商品和就餐；一楼是行李舱，总载客量高达1100人。这种飞机的尺寸也是创纪录的。机身长85米，机高20米，翼展长80米，航程6500千米，可连续飞行8个小时。

研制这种巨型运输机的主要技术难题在于：要有大功率的发动机以提供飞机所需的巨大动力；要有新型轻型材料制造飞机机体，否则飞机将笨重不堪；还需要开发安全运行系统及发生事故的紧急措施，因为在一个载客逾千的巨型飞机上如果发生事故，其灾难将是十分惨重的。研制巨型运输机还需耗费极其巨大的资金，正是由于这些原因，造成了巨型运输机研制走国际合作道路的趋势。人们可以预计，在10年、20年的努力之后，会有崭新的载客量逾千的巨型客机翱翔蓝天。

7. 超越太阳

中国古代有个神话传说：说是住在北方大荒一座山上的夸父族人，个个身材高大，力大无比。他们耳朵上挂着黄蛇，手里握着黄蛇，貌似凶恶，心地却善良平和。他们中间出了一位勇士，他忽发奇想，想和太阳赛跑。有一天，他从原野上向西斜的太阳飞快地跑去，转瞬间已跑了千把里路，追到了太阳将要落下的崦嵫山下，一团红亮的火球挡在他面前，他已经完全被炽热的太阳光所包围了。烤得他口干舌燥，他就伏下身子喝黄河、渭水的水，直到把两条大河的水都喝干了，口渴还未止住，后来又向北方跑去找水，跑到中途就渴死了，这就是著名的"夸父逐日"的故事。内容虽有点荒诞，却反映了古人丰富的想象力。那时人们就期望有能赶上太阳的速度。

由于古人知识的局限，还不知道太阳之所以从东方升起，西方落下乃是地球自转的缘故。实际上，地球绕太阳有公转和自转。公转一圈就是一年，有春夏秋冬；自转一圈就是一天，有白天黑夜，因而也就有太阳升起和落下。我们在地面上的感觉是太阳在跑。太阳跑的速度可以粗略计算一下：地球赤道处的周长大约是 4 万千米，转一圈是 24 小时，地球表面的速度大约是每小时 1600 多千米，这个速度，别说是跑得最快的短跑运动员，就是乘汽车，乘高速火车也是望尘莫及的。

奥运会男子短跑 100 米的世界记录是 10 秒左右，若一直保持这个速度，每小时也不过跑 36 千米；小汽车在高速公路的时速是 120 千米左右；高速火车大约是每小时 200 千米。看来，追赶太阳甚至超越太阳只有借助于飞机了。

目前在世界航线上运营的绝大多数民航客机还是赶不上太阳的。以美国波音 747 飞机为例，它是世界应用的最广泛的大型民航客机，约有 1000 余架在航线上运营。该机的最大巡航速度为每小时 900 千米，航程 13500 千米，因此它紧赶慢赶也赶不上太阳的速度。1994 年 9 月，作者搭乘中国民航的波音 747 飞机从北京赴伦敦，航线里程为 8900 千米，飞行了 11 小时才到达伦敦，起飞时是北京时间下午 2 点，到伦敦是当地时间下午 6 点，太阳已经西沉了。

目前有没有一种客机的速度能赶上太阳速度的呢？有的。那就是英法联合研制的超音速客机——"协和"号。

说起"超音速"，那先从音速谈起。音速，即声音的速度，声音在空气中的传播速度大约是每秒 331 米，即每小时 1170 千米左右。目前全世界正在运营的民航飞机除"协和"号外，其飞行速度全部都低于音速，即亚音速，为什么会这样呢？主要是超音速飞行并不经济，而且噪音大，在技术上要突破"音障"。

什么是"音障"？简单地说，就是飞机的飞行速度接近音速时，进一步提高飞行速度所遇到的障碍，这些障碍主要表现为飞机阻力增加，升力下降，甚至飞机本身会出现抖颤。科学家们为了克服"音障"，一方面通过改变飞机的外形等办法尽量推迟上述不利因素的出现，另一方面采用大推力的喷气发动机增加飞机的动力。世界上首次突破"音障"是 1947 年在美国的 X－1 火箭试验研究机上实现的。1953 年，美国研制的 F－100 和前苏联研制的米格－19 歼击机都超过了音速。以后军用战斗机超音速已十分普遍。

50 年代，亚音速民航运输得到充分发展，军用飞机又突破了"音障"，使得飞机制造商在考虑能否制造一种超音速客机投入运营的问题。鉴于开发这种新飞机需要大笔资金来解决技术关键，英法两国政府和航空工业决定联合研制世界上第一代超音速客机——"协和"

号。从 *1962* 年开始研制，*1969* 年首次试飞成功，*1975* 年获得英法两国适航证投入运营。"协和"号与我们常见的亚音速飞机有很大区别：长而细的机身，尖而下弯的机头，三角形的机翼，飞行时活像一支尖嘴的巨鸟。*1975* 年 *9* 月，一架"协和"号飞机从伦敦飞越大西洋到达加拿大的甘德，后又返回伦敦，一天之内 *4* 次跨越大西洋，创下了一项新纪录。

还有一件事需要在这里提一下，和"协和"号飞机研制几乎同时，前苏联也研制了一种型号为图－*144* 的超音速客机，它比"协和"号早一年即 *1968* 年试飞成功，*1975* 年投入前苏联国内航线使用，先用于货运，*1977* 年投入客运，因为出现较严重的技术问题，到 *1978* 年便停止了客运飞行。所以，到今天为止一直成功地运用于民航客运的超音速客机只有一个"协和"号。

"协和"号飞机的最大飞行速度约为音速的两倍，那么它追赶太阳的话，应该是绰绰有余了。但是它的"腿"比较短，即航程比较小，大约只有 *5000* 千米。这就是说，它在航程之内飞行可以追赶太阳，比如从北京到乌鲁木齐航线距离 *2800* 千米，从北京起飞时如果太阳正在头顶，那么到乌鲁木齐时太阳还未到达头顶，略为东斜一点，还要等几十分钟才恰好在头顶上。但是如果用于长距离的国际航线，比如从北京至伦敦，"协和"号飞机必须中途降落加油，这样到终点很可能赶不上太阳的速度。

到 *21* 世纪能不能实现"夸父逐日"，真正赶上并超越太阳的速度呢？回答是肯定的。现在人们已经开始研究，预计到 *21* 世纪才能面世的一种高超音速客机的设想已经逐渐明朗。这种高超音速客机的飞行速度大幅度提高，约为音速的 *4* 倍到 *6* 倍，载客数为 *200~300* 人，从东京飞到美国洛杉矶大约只需 *2~3* 小时。如果它从北京飞往伦敦，很可能是，中午从北京起飞，到达伦敦时太阳却刚刚升起，飞行中会看到太阳在倒着走，这该是多么有趣的景观啊！

8. 新型"空天飞机"

人类的航天时代才开始30多年，就出现了宇宙飞船、航天飞机等先进的交通运输工具，使人类登临了月球。但是，科学技术的进步是无止境的，人类在憧憬着：有朝一日，能不能像乘飞机航班那样进行太空旅游呢？完全有可能，但这要借助于新一代的更先进的交通工具——空天飞机。

空天飞机是在航天飞机基础上发展起来的。顾名思义，它是一种航空航天飞机。即能像普通飞机那样水平起飞，水平降落，又能像航天飞机那样方便地进入太空轨道。

科学家们已经为未来的空天飞机勾画了它的几大特点：

一是研制和使用费用低。空天飞机是单级结构，地面操纵简单，维护时间短。

二是可以重复使用。预计空天飞机的使用次数可达几千次，比航天飞机百次左右的使用寿命要高得多，故其发射费用低。

三是无人驾驶，完全由计算机控制。空天飞机可以自主地进行制导、导航和控制，可以相应减少地面控制中心的规模。

四是发射回收程序简单，空天飞机可以像普通飞机那样起飞、着陆、加注燃料和检修，因此可以使将来航天发射场的规模大为减小。

五是空天飞机能在升空的任何时间立即降落，它可以进行无动力飞行，例如当燃料系统和控制系统发生故障的情况下利用空气动力特性来进行控制，返回地面。

六是空天飞机两次飞行之间的检修像普通飞机那样简单，因而检修时间很短。

美国已经提出了代号为 X–30 的国家空天飞机的方案：准备制造两架试验机，进行模拟高超音速飞机的飞行，速度将为音速的 5～10 倍；要在像爱德华空军基地那样的普通飞机场使用，进行地面服务和加油，起飞与降落，并验证 X–30 空天飞机以很陡的角度起飞能否防止超音速产生的音爆对地面的危害。音爆是什么？如果你参观过超音速军用飞机的飞行，就有可能遇到音爆。音爆是飞机在超音速飞行时所产生的强压力波，传到地面上形成如同雷鸣般的爆炸声。一声巨响，或许房屋的玻璃都会被震碎。影响音爆的因素很多，但也是有规律可寻的，空天飞机要完成起飞、降落，必须设法防止音爆的产生、否则对环境的危害会影响它的使用。

X–30 空天飞机将采用超音速燃烧冲压发动机，它的动力相当于核动力火箭，燃料是液氢，飞机机体要用先进的钛合金制造。因为 X–30 在飞行时任何一点的温度都会超过 649.9℃。X–30 空天飞机如果进行改型作为民航客机使用的话，它的高超音速性能将会使国际航线的飞行时间大为缩短。例如，目前从东京飞到纽约需要 14 个小时，而使用 X–30 的改型飞机则缩短为 2 个小时。

英国的"霍托"空天飞机方案也是采用水平起飞和水平着陆的，它也是使用液氢燃料的发动机。它主要是将卫星送入轨道，也能执行建造和维护空间站的任务。

"霍托"空天飞机的外形与英法合作研制的"协和"号超音速客机很相像。尖尖的机身，三角形的机翼置于机身后部。与飞机不同的是，它没有水平尾翼和垂直尾翼，靠前翼来进行航向操纵及维持安定性。4 台发动机并列装于飞机的尾部。"霍托"的起飞方式与一般飞机有别，虽然也是水平起飞，但却是靠地面发射车背着它助跑的方式，着陆则与普通飞机的方式相同。研制"霍托"旨在大幅度地降低发射

成本，预计比常规的火箭发射和航天飞机发射费用降低 80%。

英国反应发动机公司新提出了设计新款的"斯凯朗"空天飞机方案：这种空天飞机呈细长形，最大直径 6.25 米，长 82 米，翼展 27 米，总重 275 吨，与现在最新型的波音 777 飞机的重量差不多。

"斯凯朗"空天飞机使用的发动机是"协同式空气喷气 - 火箭发动机"，它以空气喷气发动机和火箭发动机两种形式工作，基本上共用一套硬件。其工作程序是：当用火箭辅助发射装置完成起动后，立即转换使用"协同式空气喷气—火箭发动机"，首先以空气喷气发动机方式工作。当空天飞机上升至 26 千米高度，飞行速度达到 5 倍音速时则转换为火箭发动机方式工作。在约 80 千米高度进入转移轨道。

"桑格尔"空天飞机是德国提出的研究方案。它是用于航空的飞机与航天的轨道飞行器分开又结合在一起的方案。在地面起飞时，载机背负着轨道飞行器水平起飞，使用涡轮冲压发动机燃后轨道飞行器与载机分离，轨道飞行器依靠自身的火箭发动机升入太空，载机即返回地面以备再用。而轨道飞机器完成太空飞行返回大气层后，能像航天飞机那样水平着陆。实际上，"桑格尔"空天飞机就是载机加航天飞机而组成，载机的作用就是背着航天飞机水平起飞而已。

预计到 21 世纪下半叶，空天飞机的使用会像今天的民航客机那样简便，每天可能有数百架的空天飞机从赤道附近的几个发射场起飞，来往于天地，把旅客送上天空，把开发的空间产品和资源运回地球。航天发射地也许会像今天的大型国际机场那样繁忙。

9. 大匹兹堡国际机场

在美国宾夕法尼亚州的钢铁之都匹兹堡，有一座被航空界称为

"未来机场"的大匹兹堡国际机场。在耗资 10.6 亿美元进行改造之后，这座超级现代化国际机场引起了航空界的极大瞩目。

大匹兹堡机场之大令人瞠目结舌。机场占地 4900 万平方米，相当于钢铁产量占据全美半壁江山的匹兹堡市中心的 2 倍。其面积等于芝加哥奥黑尔机场和亚特兰大哈特菲尔德机场面积之和。

大匹兹堡机场有 3 座独立的大型建筑物，就是场外候机大楼、中央服务大楼和内场服务大楼。两条跑道是原有的。该机场设计新颖之处在于：4 个长长的登机码头从位于两条跑道之间的内场候机大楼呈辐射状伸出。为了对这座"未来机场"有个概括的了解，我们把自己扮成一位旅客，亲身体验一下来机场登机的程序。

我们通过南高速公路到达大匹兹堡机场，这里有一系列四车道双层道路把旅客车流引导到场外候机大楼，其上层是离港旅客，下层是进港旅客。

机场设有 3 层停车场，共有 17420 个停车位。专门配有封闭式的自动人行道，这一人行道连接停车场和场外候机大楼，长度超过 400 米，为旅客进出候机大楼带来了极大的方便。

场外候机大楼共有 3 层，总建筑面积为 40 万平方米。第三层是主候机室，有 3 个 18 米高的柱形圆顶，整个大厅由天窗的自然光照明，其大小足可以容纳两个足球场。这个厅内有长长的售票台，美国航空公司是这座机场的最大用户，每天有 500 个航班从这里出发。该公司与 IBM 公司合作，设置了"航班信息显示系统"，旅客可以便捷地查到有关信息。美国航空公司还安装了自动行李处理系统。

搭乘美国航空公司航班的乘客在停车场或售票台就可办理行李托运手续。然后行李沿着 10 千米长的传递带运行，通过计算机处理，准确无误地传送到合适的传送带并运到相应的飞机上。

我们办完了登机手续即来到场外候机大楼的二层，在这里进行安全检查。独特的是，安检口沿纵向设了两条扫描线，它的好处：一是增加了安全度，二是加快了安检速度。如果第一条安全扫描线报警，乘客可以不必返回重检查，而是径直往前走，掏空口袋里的东西再接受第二次检查。

接着我们来到中央服务大楼，短程航班的旅客将在这里登机。这里共有 25 个入口的候机室，美国航空公司占有其中的 20 个，每日发出 150 个航班。

如果搭乘的是远程航班，就来到机场交通站。这里有两辆专用的全自动运送车将旅客运到场内候机大楼，距离 760 米，运行时间只有 1 分零 3 秒，一次能运 160 名乘客，每隔 1 分 30 秒就发一班车。

完全新颖的场内候机大楼在世界机场中独树一帜，它拥有 75 条通道，建筑面积超过 100 万平方米。更独特的是它处于两条平行的跑道中间，建筑成 X 形，使飞机停靠更加方便，大大提高了运行效率。

乘客进入候机大楼，自动人行道将把乘客送到相应的登机码头上。登机码头共有 4 个，美国航空公司占有其中的 2 个，各有 25 个登机门；第三个登机码头有 16 个登机门，供其他美国国内航空公司使用；第四个登机码头有 9 个登机门，专供国际航班使用。

特别值得一提的是，有一个被称为"遐想室"的休息区，是由艺术家设计的，给处于繁忙公务中的旅客以轻松、浪漫的气氛。

1991 年，匹兹堡机场的旅客吞吐量为 1670 万人次，到 2003 年，预计旅客吞吐量将达到 3200 万人次。

10. 超高速货船

人类使用船舶作为运输工具的历史，差不多和人类历史一样久远。

《旧约圣经·创世纪》曾记载了这样一个故事：上帝后悔在地上造了人，对于人类所犯下的罪孽十分忧伤。他决定结束这个罪恶的人世。他看中了挪亚，挪亚按照上帝的旨意，和他的 3 个儿子建造了一只方舟，挪亚把他一家老小以及各种动物。一公一母也装进方舟里，7 天后，天上下起倾盆大雨，洪水泛滥成灾，淹没了一切生灵，只有挪亚的方舟安然无恙，第 7 个月，方舟在一座山上停了下来，到第 10 个月，山顶才露出水面，他为了寻找陆地，先后放出乌鸦和鸽子，有一天傍晚，鸽子噙着一个橄榄枝飞回来了，这意味大地某个地方有了生机，7 天后，挪亚又把鸽子放出去，这回鸽子再没有回来，因为洪水全退了，大地恢复了生机。这就是著名的"挪亚方舟"的故事。一叶方舟，挽救了整个人类，它的作用该有多大呀！

人类使用船舶，最早可以追溯到石器时代。我国于 1956 年在浙江省出土的古代木桨，据鉴定是 4000 年前新石器时代的遗物。说明舟筏的历史，可以追溯到史前时代。

运输船舶的发展，大体经历了四个时代，即舟筏时代、帆船时代、蒸汽机船时代和柴油机船时代。

在现代的五种运输方式，即铁路运输、公路运输、航空运输、管道运输和水路运输中，使用船舶自有它的特点和不可替代性。船舶运输的优点是载重量大，运输成本低，但缺点也很明显，就是运输速度慢，周期较长。

为了克服船舶运输速度的缺点。在本世纪 50 年代起，世界航运界曾掀起一股船舶高速化的热潮，一度把货船的航速提高到每小时 30 海里左右。

现在，科学家们已着眼于 21 世纪的超高速货船的研究了。他们把这种超高速的货船称之为超级技术定期船。

这种船载货量为 1000 吨，速度可在每小时 50 海里，它能在大洋

里航行，即使遇到 4～6 米高海浪也能安全航行。这种船的技术特点是，把船本身的浮力，水中船箕的升力和气垫船的空气压力组合起来以支撑船体，大大减少了前进阻力，因而速度可大幅度地提高。

在这种超高速货船的研究方面，日本居领先地位。

1989 年，日本运输省直接领导了名为"尖端技术"号的超高速货船的研制工作，它的性能指标与上述超级技术定期船差不多，即能运载 1000 吨左右的货物，速度可达每小时 50 海里，一次航行的航程为 500 海里左右。

该船已开发出两种不同用力方式的类型：即"升力型"和"气压利用型"。

所说的"升力型"就是综合利用了船的水翼产生的升力和浮力，使船体几乎漂浮于水面航行，这样可以大大减少前进的阻力。

"升力型"高速货船以飞机发动机作为主动力，一只喷水泵利用发动机的回旋力将水向后喷出，其反作用力推动船体前进，这个原理酷似喷气式飞机的飞行状态。船的水下部分是与飞机十分相似的没水体轴架和水翼构成。在停泊状态下，船体的部位以下没入水中，使用水翼航行时，因水翼在水中前进产生向上的升力而使船体抬高 1.5 米左右。船的转弯靠调节向后喷射水流的角度来完成。当然船上也还是有舵。

为减轻船体重量，船的上半部用铝合金制造，下半部用不锈钢制造，水翼则是采用不锈钢蜂窝结构，蜂窝结构顾名思义，其结构像蜂窝，中间是空的，结构重量很轻，但强度很高。

由于高速航行极易产生船体摇摆，船上配置了计算机控制系统，把摇摆控制在最小状态。

另一种"气压利用型"是综合利用了大气压与浮力，从而使船体浮出水面航行。

这种类型的高速船结构独特，船体全部由铝合金制造，它的船底是由橡胶制密封装置围成的四角形箱状物，鼓风机向里吹入 1.1 个大气压的压缩空气，正常航行时，船体浮出水面 2~4 米，船底与海水之间是压缩空气形成的气垫。

这种船不是单纯的气垫船，它还有水下翼。既可产生浮力，也能对船起着稳定的作用。

船底与海面之间的压缩空气不仅托着船体高速前进，还能缓和浪的阻力和冲击。当强大的海浪袭来时，空气被压缩，船体就要剧烈摇晃，此时需要调节船底空气输入量或释放量来使摇晃减至最低程度。

高速货船在前进中如果想刹车怎么办？这里有个很巧妙的办法：即喷水泵有"换向器"，转换 180° 反方向喷水就能便捷地刹住车。

"升力型"与"气压利用型"各有千秋。前者航行稳定，适航性好；后者阻力小，有小的动力就可高速航行，可大大节省燃料。

这种高速货船如果投入营运，一天之内可以往返于日本北海道至九州至关东的远程航线，将成为名符其实的"海上新干线"，它的高速魅力将给海上运输带来新的生机。可以预料，高速货船构将成为 21 世纪海上运输的生力军。

11. 自动交通系统

许多国家正在试行的各种自动化交通系统，与城市客运交通的传统形式不同，其主要特点是使城市的各主要干线彼此隔离，互不干扰；对运输工具实行自动驾驶，广泛应用计算机技术，使用新型的发动机和推进器，以适应各种不同客运流量的需要。

自动化交通系统的线路与地铁不同，它铺设在轻结构的高架上，而更多的是进入浅层的地下隧道内或露出地面。露出地面时要用装拆式混凝土构件建筑隔墙,把路线隔开,使其不受各种干扰。它的车辆全部采用自动操纵,在车厢内或站台上不需要工作人员。为了保证安全,广泛使用了微型电子计算机,不仅把这种微机安装在车辆指挥中心,而且安装在每辆车上。这种分权管理的办法,显著地提高了安全性。这种系统所使用的动力是电能,能保持良好的生态平衡,噪声也很低。

法国的"阿米斯"自动化交通系统,为了提高线路的通行能力,能使车辆在线路上运行的过程中自动组成列车,在各节车厢之间用超声波定位器代替了机械挂钩装置。超声波定位器使车厢之间保持 0.3 米左右的间距,即使发生事故碰撞也不会有任何危险。列车的长度可达 300 米,而每节车厢的长度仅为 4.2 米。列车在行驶过程中,可根据下一步的不同行驶方向,自动地进行组合和分解。它在舒适方面,可以与出租小汽车相媲美,而在通行能力方面,几乎可以与地铁相提并论。当列车每节车厢的间距为 0.3 米时,每小时的客运量为 45000 人次。

12. 空中公交运输

空中公交运输系统,高架在公交客运量大的城市道路两侧上空。整个系统主要由管道、支柱、扶梯、传送装置等四个部分组成。支柱把管道支持在 5 米以上的空中。扶梯联络管道和地面,以便乘客上下。管道相当于车壳,把传送装置和运送装置等容纳在里面。传送装置是系统的主体,主要由月台带、换乘带、主带、动力机构等组成。月台带供乘客候车用。换乘带时停时动,是乘客由月台带进入主带的过渡

带。主带由几条分带组成，分带上设有双人椅，可供乘坐和站立的旅客扶靠。动力机构安装在传送装置室内，在主带和换乘带的下方。

这种系统运行时，乘客从人行道由扶梯上行，经出入口进入管道，在月台带候乘，内侧的栏杆把月台带与换乘带隔离开来，确保两侧乘客的安全。当换乘带停止时，乘客可由栏杆出入口进入换乘带，扶好换乘带内侧的扶手，以防启动时跌倒。约过半分钟后，换乘带启动，其速度与主带相同，两带处于相对静止，乘客可在此时由扶手的出入口进入主带，坐到双人靠背椅上。换乘带的停止时间和运行时间各约半分钟，交替进行。停时月台带与换乘之间交流乘客；运行时，换乘带与主带之间交流乘客。出入口都装有自动开关装置，换乘带停时栏杆的出入口开放，扶手出入口关闭，换乘带运行时，栏杆的出入口关闭，扶手出入口开放。到达目的地的乘客，可在换乘带运行时，由主带进入换乘带，在换乘带停止时，由换乘带进入月台带，然后出管道经扶梯到达人行道。

公交管道道的运输速度，并不特别引人注目，例如每小时18千米。但由于连续运输，途中没有停留，乘客在途中所花的时间，要比目前的公交车辆短得多，而且运量特大。如果一条主带由3条分带组成，每条分带每小时运送10.8万人次，那么，断面流量每小时高达32.4万人次。又由于这种系统是高架于空中的，因此与其他交通运输方式不会相互干扰，不会产生交通阻塞现象。同时，这种系统占用土地少，投资效益高，加上乘坐方便，安全、节能、低公害，将有广阔的发展前途。

13. 高速自行车

未来的自行车时速可达100公里以上。在自行车专用高速公路上，骑上这种自行车，比乘小汽车还要快；但并没有消耗任何能源，只消耗骑车人的体力。

高速自行车的结构同传统的全然不同。它的外部用轻质的塑料风罩，将车身的一部分或者将车身完全包起来，使自行车具有流线型的外形。根据科学家试验，如果将整个车身罩在流线型外罩里，可以使车的阻力减少一半。也就是说，使一般人骑自行车的标准时速16公里提高到32公里。

高速自行车的第二项改进是车座。现在自行车的座位在脚镫的上方，骑车人向下踏动脚镫时，所施加的力一般不会超过自身的重量。但是，骑赛车时，把腰弯下，用脚向下蹬踏，就能用上更大的力气。科学家根据这一原理，把高速自行车的车座装在与脚镫等高的平面上，让人像半躺着一样踩脚镫。这样，在脚镫上不需格外多用力，也能把时速提高到40公里。

高速自行车还像儿童用脚踏车那样，做成三个轮子或者四个轮子，使车辆稳定性更好。

现在正在研制的高速自行车，不仅使自行车具有以上三个特点，而且在车的结构上也下了功夫。比如采用整体式车架，蜂窝结构的碳纤维车身，使强度提高5倍，而重量只有原来的四分之一。美国一位宇航科学家曾经与人合作，设计出一种叫"维克多"的高速自行车，可乘坐两人，最高时速达150公里。轮胎内填充着弹性良好的发泡材料，缓冲的车座向上倾斜，外形光滑呈流线型，雨点也不会留在防风罩上。人们骑着这种自行车，不用消耗能源，舒适、安全，像乘坐小轿车一样疾驶如飞。

14. 轻型汽车

汽车具有不少独特的优点，毫无疑问，它在今天以至在明天，都是人类比较重要、比较适用的交通工具。因此，它的前途是无限的。

那么，未来汽车发展方向是什么呢？一般说来，首先是减轻自重，增加载重，提高车辆的利用率；其次是提高功率，增加车速，减少人们生产活动和生活活动的时间；同时，还要求减少燃料消耗，提高使用寿命，降低制造成本，修理、保养方便和讲究舒适、美观，等等。另外，怎样使汽车能跑能飞也能游，以及关于利用电能、太阳能和原子能来做汽车新动力的问题，也正在积极进行研究。

首先谈谈汽车的自重和载重的比例关系。一般汽车都有一个共同的缺陷：那就是本身太重了，使发动机不得不花去一部分动力来拖着自己跑路，多余的力量才能用来乘客载货。大多数汽车载重和自重的比例大约是 1 左右，像解放牌汽车载重 4000 公斤，而自重就有 3900 公斤。有的汽车还达不到这个比例，这实在是说不过去的。

以前，人们为了使汽车减轻自重，增加载重，曾经做过不少努力，大都是从减轻材料重量着手。首先在设计上动脑筋，像一般汽车总有非常笨重的车架，它是用大块的槽钢焊接和铆接起来的。最近推广的无车架式车身，可以不用车架，就在车身结构上直接装配发动和底盘等总成，大大减轻重量。又像发动机的铸件重量要占到百分之七十五到八十，如果缩减铸件厚度，也可以减轻不少重量。其次是采用轻合金材料，像铝皮车身、铝刹车鼓、铝保险杠和铝发动机等，它们除了

157

可以减轻零件重量以外，有的还可以起到很好的散热效果。但是，这些办法减轻自重终究并不太多，必须另外想更好的办法。

15. 飞行汽车

飞鸟在空中自由飞翔，不飞了就夹着翅膀在地上蹦来蹦去。如果汽车也插上翅膀，能飞能跑，那不是更加方便了吗？这已经不是空想，最近就有一种和飞鸟差不多的汽车，如果要到空中航行，只要一个人就可以在十分钟里给它装好翅膀和尾巴后起飞。

等到降落地面再开动的时候，只要把翅膀和尾巴拆去，就可以跑了。

直升机随时随地都能起飞，应该说是方便的了，但是，它还存在着不少缺点。譬如，那么大的螺旋桨，不断地在飞机顶上旋转着，如果在森林或者电线杆上空飞行，螺旋桨就很容易碰坏。它还要求在坚硬和平坦的地面上降落，否则，就容易发生事故。

同时，它只能够做短距离的滑行，在战争中不能很好地隐蔽起来，容易遭到敌人的袭击。

于是，一种新颖的飞行汽车就出现了，它克服了直升机的缺点。它的螺旋桨比较小，而且是装在一种护风圈里的。

它用汽油发动机或者燃气轮机带动螺旋桨，向护风圈下面压出空气，上面的压力降低，汽车就腾空而起。

前进和后退是依靠前后两个螺旋桨的转速来调节的；前进的时候，前面的螺旋桨速度降低，头部就向前倾，来获得前进的推力；后退的时候动作相反。至于转弯，用方向舵来控制。

目前，有些国家正在试制这种汽车。譬如，有一种载重 450 公斤、

航行速度每小时 *90* 公里的飞行汽车，它能够在普通的居民点起飞和降落，也能够做低空飞行，外廓比较小，降落后可以用车轮在不太宽的马路上行驶，同时，它还可以用来救护、消防和除虫等。因为它能飞能跑，不依靠其他交通工具就可以独立地完成运输任务。

16. 神奇的飘车

汽车虽然比其他交通工具方便得多，平原山坡都可以行驶，建筑一条公路也要比修铁路或开运河便宜得多，可是总免不了"逢山开路，遇水搭桥"，还是要跟地面打交道，还是要损耗发动机的一部分动力来克服车轮滚动的摩擦力。这个问题，是车轮发明以来一直没有能够很好解决的。

能不能制造一种"无轮汽车"，干脆离开地面来行驶呢？苏联宇宙飞行学的创始人齐奥尔科夫斯基在他 *70* 岁的时候，写了一本《空气祖和特别快车》的小册子，首先提出了这样的理想。*1935* 年，就有人制造了一辆"无轮汽车"，长 *2.4* 米，宽 *1.8* 米，装了一台 *16* 马力的发动机，能够在水上飞行，每小时的速度达到 *20* 多公里。几十年来，许多国家都进行了这种"无轮汽车"的设计和试制，并且已经获得了初步成就。

因为这种"无轮汽车"好像腾云驾雾一样地在地面上飘行，一般都叫做飘车。它的原理可以用一个试验来说明。如果用轻金属做成一个模型，在顶部装上一台普通的家用电风扇，把空气吹到底层，就会在模型下面产生一层"空气垫"。这样一台很小的电风扇，就能够使这个 *15* 公斤重的模型升到起几厘米高。

一般飘车都装有效率很高的发动机，用来带动一个或者几个鼓风机，打出来的大量空气通过车辆里的一圈喷气沟喷向车辆底部，在底部周围，喷气的方向是错综复杂的，这样就能够造成一层空气垫，把车辆抬起来。底部的周界要越小越好，这样，空气逃走的机会就越少。同样的底部面积，矩形的比正方形周界大，正方形又比圆形的周界大，因此一般飘车都做成圆形或者接近圆形。再有，飘车离开地面的高度可以用鼓风机的风量来控制，只要使它不接触地面的障碍或者是海上的波浪就行，因为离开地面越近，空气逃走的可能性越小。

飘车四周还装着不同方向的管道，当飘车需要前进、后退或者转向的时候，只要在驾驶室里适当操纵着这些管道开关，使空气向相反的方向喷出，产生反作用力，就可以推动它向需要的方向飘行。同时，由于没有轮胎和地面的摩擦力，操纵起来也比一般汽车要灵活得多。

飘车能够在地面或者在海上飘行，是一种水陆两用的车辆。譬如，1959 年 7 月国外试制成功的一种飘车，长 9 米、宽 7.3 米，载重 3400 公斤，装有 435 马力的发动机，离地高度 38 厘米，每小时速度是 40 ~ 50 公里，曾经用 125 分钟的时间，完成了横渡英吉利海峡的航程。现在，一般都倾向于制造适宜在海洋上飘行的大型飘车。小型飘车可以做登陆艇，也可以在冰上、冻土地带和沙漠上飘行，在交通不发达的国家，因为没有公路，也可以代替一般汽车来做交通运输工具。目前，这种飘车正在不断地发展，看来是很有前途的。

17. 电动汽车和太阳能汽车

如何解决汽车的污染问题，是世人所关注的问题之一，尽管为减少汽车燃料消耗和排气污染采取了许多技术措施，但基本只是改良性质，治标而不治本。汽车还在不断增多，能源和环境问题日趋尖锐。

采用新能源代替石油燃料的呼声也随之越来越高。

科学家们经过多年的研究和试验，近年来研制出了几种以新能源为动力的无污染车辆，尽管技术还有待完善，但毕竟给人们带来了希望。电动汽车和太阳能汽车便是这些处于试验开发阶段的车辆中的两种。

电动汽车是用车载蓄电池作为动力能源的汽车。作为一种新型的绿色交通工具，它具有零排放、低噪声、能源补充来源广等优点。但研制电动车的根本问题，一是要研制出高效能的蓄电池，二是要配置一种快速方便的充电系统。

在社会以及各国政府的关注下，各汽车制造商都进行了电动车的开发工作。我们有理由相信，性能更优越、实用性更强的新一代电动车将成为 21 世纪城市重要的交通工具。

太阳能汽车从某种意义上来说，它也是一种电动车。它们之间的区别只在于：一般的电动车所使用的蓄电池需要靠工业电网来充电，而太阳能汽车则带有一套专用的太阳能充电系统，包括随车电网和将太阳能转换为电能的光电元件。这些元件统称为"太阳能电池。"

研制这种带专用太阳能充电系统的太阳能汽车，现在看来已不再是一件异想天开的事，只要能研制出将太阳能转化为电能（太阳能电池）或热能（斯特林发动机）的装置就可以实现。在这种条件下，地球上一半的空间将有可能利用太阳的光能和热能，无论是北欧地区还是极地地带，利用太阳能汽车都是可行的，更不用说赤道附近地区了。

太阳能汽车成为国际汽车集团和整个科学界的主攻目标。日本一家公司已造出了第三辆太阳能汽车样车，车重 150 公斤，外形尺寸 5.9×1.6×1.0 米，车身外装有由 2500 片晶状硅片构成的太阳能电池，功率为 1.4 千瓦，该车时速可达 100 公里。专家们拟在下一个型号上装用镍锌蓄电池，使车速提高到 130 公里/小时，在澳大利亚举办的汽

161

车赛上，由美、德联合研制的太阳能汽车，平均时速已达 110 公里，现已进入商业开发阶段。

如果太阳能汽车的研制工作今后能继续保持当前的进展势头，那么我们可以断言，21 世纪的陆上交通中，太阳能汽车将大显身手，占尽风流。

18. 未来汽车上的智能玻璃

目前，英国科学家正在研制几种用在未来汽车上的智能玻璃，看来也颇具吸引力。这些玻璃包括以下几种：

（1）有色玻璃。这是一种能控制太阳光的智能玻璃，它能阻挡 84% 的太阳光，可有效地保护车内纤维和装饰品不褪色。

（2）映像玻璃。这种智能玻璃可作车前挡风之用，实际上是未来车内的路线导航、标记和信息系统。司机可以直接从挡风玻璃上了解到所需要的一切信息，还可以在雾雨天气里看到一英里外的景物。

（3）防雨、防光玻璃。这种玻璃表面采用新技术处理，使它容易防水，并降低玻璃对光的反射率。它除用于车窗玻璃以外，主要用作车内各种仪表面罩以防从挡风玻璃上映射进来的光反射到司机的视线。

（4）嵌入天线玻璃。这种玻璃可将无线电天线嵌入其内部，还可将蜂窝电话或电视机等各种设备嵌入到玻璃里面，这样使车型更为美观，不会因天线而破坏车的整体形象。

无疑，这些玻璃的开发和应用，将会使未来的汽车更为完美。

19. 高级列车

　　高级列车通常采用各种先进的、舒适性和安全性能高的新型材料来制造和装饰车体内外设施。整节列车厢显得豪华气派，乘坐十分舒适。例如，流线型车体外壳用铝合金或不锈钢制成，地板以耐热阻燃塑料铺设，座椅由高级仿皮人造革、铝合金或玻璃钢制成，聚苯乙烯泡沫塑料及人造板制成的板梁混合结构的宽大行李架造型美观、坚固，等等。

　　车厢内部布局宽敞新颖，两侧的车窗采用通长的大幅面玻璃从外侧连成一片，视野开阔，光线充足。坐席车厢内有可躺式旋转座椅，每排三个或四个座位，中间为走道。座椅的旋转角度可以任意调节，也可以由列车乘务员用电动按钮统一操作。每个座椅都附设有一个脚靠、一个报刊架和一个折叠桌，折叠桌平时藏在座椅的靠手内，旅客用餐时可拉出使用。有的高级列车在座席中还辟有独立的小型客室，供诸如吸烟旅客等使用，独立客室用透明幕墙同主客室隔开。

　　卧铺车厢通常采用包厢式格局，一般分成经济包间、豪华包间、家庭包间、公务包间等几种形式。经济包间通常设置两张铺位，内部还配备有衣柜、书架、小垃圾箱和厕所等设施；家庭包间则有四张铺位，并比经济包间多一间淋浴室；豪华包间通常只一张铺位，除了各种旅行设施外，还配备有酒吧、图书室、电视、更衣室等高档生活、娱乐设施。

　　无论四季如何变化，高级列车内部所具有的完善的空调系统和通风设备使车厢里始终保持温度适宜、空气新鲜，且干湿度符合人体需要，让人时时感到舒适惬意。旅客上下列车可以通过高度可调的踏板

畅通无阻，车门口还装有供晚间上下车使用的照明灯，旅客上下车时照明灯会自动开启。列车上还设有专供残疾人、妇婴等特殊旅客使用的服务设施，例如轮椅升降、哺乳、换尿布等各种器械。

此外，高级列车上的厕所已由目前的直排式改为集便式。这种集便式厕所粪便不外溢，厕所内清洁卫生，没有任何异味。集便器中的粪便将在列车到达终点后通过管道设施送到地面进行集中处理。之后用压缩空气或真空泵水流对厕所进行冲洗，或采用混有化学药剂的液体进行循环冲洗。

20. 双层列车

双层列车作为一种理想的中、长途观光度假旅游列车，可能会成为未来客运列车的主要车型。这种列车可以有效地利用其空间，尽可能地增加列车的乘坐定员。从实践的效果看，双层列车可使坐席定员增加 40~60%。而且，双层列车可以提高列车的瞭望性和舒适性。由于其上层视野开阔，人们可以透过两侧大开面玻璃窗尽情眺望沿途风光。同时，上层坐席又远离车底行车部位和发电装置及其它设备的噪声源，显得安静舒适。下层则设有各种用途的包间以及诸如自助餐厅、酒吧、卡拉 OK 等服务设施。

21. 磁悬浮列车

从 20 世纪 60 年代开始，磁悬浮技术为世界上科技先进国家所注目，各国都投入了大量的人力和物力。由于时速在 300 公里以上的高速列车采用的是传统的车轮—钢轨粘着方式，运行缺陷很多，因而促使科技界积极探索利用磁浮原理。但20多年来，仍然停留在很短距离的试验阶段。随着超导技术、线性牵引电机的迅速发展，磁悬浮列车正在加速走向实用化。

1987年，日本成功地使用两辆连接在一起的磁悬浮轨创造了时速40公里的世界纪录。经过近几年的努力，自1993年开始，磁悬浮列车采取了实用化的举措。德国联邦政府1993年12月正式决定修建柏林至汉堡的284公里磁浮列车铁路，列车由4辆客车组成，座位332个，时速320公里，两市之间旅行时间53分钟，总投资2亿西德马克，预计2003年投入运营。美国已于1994年4月动工修建第一条自佛罗里达州的奥兰多机场至迪斯尼乐园长达21.7公里的市部短途磁浮列车线，投资为6.22亿美元。另外两条线路是肯尼迪航天中心至州际展览馆和匹兹堡国际机场至市区中。日本在宫崎试验中心进行了多年磁浮列车试验以后，决定在山梨县新建一条43公里的实用线路，作为磁浮列车试运线。这些进入实用性的科研项目，将为21世纪高速铁路的发展提供更广阔的前景。与现有的地面车辆相比，磁浮列车高速平稳，能耗低、电力驱动无污染，安全可靠，线路上可少开或不开隧道。这些不可比拟的优势，使交通运输有了划时代的突破。目前，日本研制的磁浮列车，其车上励磁使用了永久磁石，是迄今所研制的地上一次式线性尾动机驱动车辆的代表。

过去日本和德国都曾研制出高速运动装置，但是作为车上的励磁采用的却是普通电磁体。如今日本研制的高速运动装置，作为车上的励磁，采用的是超导电磁体。

超导电磁体重量轻，强度高，但必须使用昂贵的液体氦来维持极低的超导临界温度；而普通电磁体则需要不断地供给励磁电流。相比之下，悬浮列车采用永久磁体后，使得车辆构造简单了。这种悬浮列车的驱动和制动力来自直线电动机的电磁力。

这种电磁力是靠电流流经导体产生的磁力线与磁体的磁力线相互作用而产生的。驱动系统使用的是可变频率的矩形波交流电。车辆的运行是靠控制电磁轨道上通过的电流实现的。为避免电力损失，要搞馈电分区控制，即把电磁轨道分成若干区间，对应列车运行顺次转换通电区间。

由于采用了永久磁体，悬浮列车不必为消磁担心。即使不用机械制动作备用，依据地上线圈的短路，电制动就足够了，整体系统也能更简捷。

对列车闭塞的基本想法与普通铁路相同。但地上一次式线性电动机驱动车由于系电力控制，可以准确把握列车的绝对位置，可引入近似移动闭塞的方法，从而实现高密度运转，由此又可提高地上设施的利用率，即使是小单位编成的列车也可确保较大输送能力。由于是小型车辆，有利于通过曲线，而且爬坡性能好，同时地上设施的轨道、电力设施等都可小型化。

这个系统由于在线性电动机驱动车长期研究的基础上，引进了强力永久磁体后，使这个领域的研制工作进入了新阶段，它对车辆构造、轨道构造、控制系统等整体研制能起很大作用。

这些进入实用性的科研项目，将为悬浮列车的日臻完善奠定扎实的基础，也将为 21 世纪超高速铁路的发展提供更广阔的前景。

22. 地效益船

1956 年，前苏联著名的船舶设计专家阿列克谢耶夫领导研制的一种新型海上船舶在里海进行秘密试验。当这艘被西方称"里海怪物"

的船舶以时速 400 千米的惊人速度超低空掠过里海海面时，整个西方世界都被震惊了。一个新的海运时代，也就由此拉开序幕。

这个"里海怪物"，就是前苏联出于军事目的而研制的世界上第一艘试航成功的地效翼船——KM"样板船"。

什么是地效翼船？地效翼船是指在航行过程中，利用贴近水面或其他支撑表面时的表面效应，气翼上产生气动升力来支撑船重的动力气垫船。良好的耐波性、船与支撑表面气动联系、飞行过程中可随时升空或迫降的性能，是对地效翼船航行安全起保障作用的因素。

水运业完成客货运输时船舶运力的增长，有赖于船舶航速的提高，而在现有的新一代船型中，速度最快的就是地效翼船。无论从何种指标看，地效翼船在运输效率方面的优势都是无可置疑的。

地效翼船作为航运工具中的一枝新花，当它以 15～20 千米时速进行排水状态航行时，欲作机动航行当无限制，其航行状态与水上飞机差异不大。但当地效翼船在 3～5 米高适用的水面上空以 400 千米每小时的速度飞行时，便不可以急剧改变航向和航速，因而，其机动性也就受到限制。因此有人提议应当划出一个专供地效翼船飞行的地带，其他船舶不应进入这一地带。在划定地效翼船航行地带时，应当考虑能用无线电导航设备、卫星导航系统、无线电导航台、雷达确定其方位，以保障航行安全。

曾几何时，人们还对"里海怪物"的试航感到新奇和惊讶。如今，则有越来越多的人们希望早日利用地效翼船这一科技成果，为人类创造更多的效益。新加坡已有人向俄罗斯订购地效翼船。英国也已于 1992 年与俄下诺夫哥罗德气垫船科研中心签置协议，联合研制用于英法之间的快速航线客、货运地效翼船"水上显贵"分船队。这些新型快速船舶将有可能在 14 米高度只需 10 分钟驶完英吉利海峡航程。富于想象力的美国人则认为可以在"21 世纪的设计"中建造载重量为

5000 吨、航速为 900 千米每小时的新世纪地效翼船用于越洋商业航线。

所有这些都说明当今世界对地效翼船诸多特殊性能的肯定。可以预见，地效翼船这朵瑰丽的奇葩，必将盛开于 21 世纪的水面上。

23. 空中机场

全世界现有的飞机场，都是建立在陆地上的。未来的飞机场将移到空中，成为"空中机场"。这种不落地的空中机场是由若干个飞翼在空中对接形成的。

飞翼是一种无机身、无尾翼，反有机翼的飞行器。它的结构简单，飞行阻力小，载重量大。最大载重量可达 600 ~ 700 吨，甚至上千吨。每个独立的飞翼可载旅客 800 ~ 1000 人。

从同一机场或不同机场起飞的若干飞翼，在指定的空域进行快速空中对接，连成一串，构成一个"大飞翼"。大飞翼按照人们预先选定的最佳航线，以最省燃料的飞行高度和速度在空中长期巡航。除了定期维修外，一般并不着陆。这样，就在空中形成一个会飞的基地——空中机场。

在空中机场航线上及沿线两侧地面机场上的旅客和货物，将由专门的"驳运飞机"负责运到空中。驳运飞机可选用普通常规型飞机，它担任天上和地面之间的航运任务。驳运飞机到达空中与大飞翼对接，"降落"在空中机场。货物转运系统自动地把旅客和货物送入大飞翼，同时也给大飞翼带去燃料、维修器材以及换班的飞行人员。然后再把大飞翼上等待换乘飞机的旅客、货物，以及回地面休息的飞行人员分别带回到地面各个机场。由于旅客及货物都可以在飞行途中交换，不必到地面中转,因此大大减轻了地面机场的繁忙、拥挤及噪音污染,并且提高了空运的安全性。

24. 航天母舰"遐想"

目前地球海域上"个头"最大的军舰可谓是航空母舰了,有了航空母舰,可以使各种飞机从海上直冲云霄,去完成各种战斗任务。航空母舰虽然具有多种作战能力,但只能使飞机飞入天空,而难于进入太空。于是大胆的军事科学家们便想到了研制"航天母舰"。

"航天母舰"并非神话,世界各军事大国已投入大量资金开始研究"航天母舰",并取得了许多进展。目前,"航天母舰"的设想方案已大致有以下几种。

宇宙飞船型航天母舰

这是航行在离地球3.6万千米地球同步轨道上的一种巨大宇宙飞船。它的组成部分有一支包括4架航天飞机、2艘太空拖船、1个轨道燃料库和一个太空补给站的航天舰队,航天飞机可在航天母舰上自由起飞与降落。太空燃料库、太空补给站和航天母舰对接供应完燃料后便自行脱离。航天飞机还可从航天母舰上往返地面,从而大大提高了飞机的活动空间。

一个航天母舰也等于一个庞大的武器库,它不仅拥有导弹、火箭,还拥有定向束能武器。这种武器靠加速器射出高速电子、质子、重离子等高速离子流,攻击目标中的要害部位,使之软化、变形、穿透、烧毁等。

操纵航天母舰的是"航天军",由几百名宇航员组成。他们的指挥部设在航天母舰上,其他人员则分散于各个航天器上,他们在太空

中训练与作战，可谓是一支神力无比的"天军"。

飞艇型航天母舰

飞艇是一种没有翼、利用装着氦气、氢气和热空气的气囊所产生的浮力而上升，靠发动机与螺旋桨的推动力而前进的一种飞行工具。早在18世纪飞艇问世后，就被用于军事目的。它不但用于空中执勤，还用于巡逻、侦察、运输、通信传播、处理突发事件等。科学家们根据飞艇的特点，还想到今后让它充当"航天母舰"的重任。

航天母舰所用的巨型飞艇长2400米，飞艇艇体由先进的蜂窝状复合材料制作，厚度达3米。在飞艇顶部设有可供直升机和短距离起降飞机起飞的跑道，底部则有一个巨大的屏幕。巨型飞艇由160部发动机推进，时速可达160千米，所用电源由汽轮发电机、太阳能板和一套热电转换装置联合提供。由于飞艇实在太大，无法在地面停降，于是它配有6艘可与母艇连接和分离的小飞艇作为地面与巨艇间人员和货物运输的工具。飞艇内充有氦气，故其十分安全。

飞翼型航天母舰

飞翼是一种无机身、无尾翼、仅有机翼的一种飞行器。其结构简单，飞行阻力小，载重量大。于是有些科学家建议利用空中飞行的若干个飞翼在空中对接而形成"航天母舰"。

从同一机场或不同机场起飞的若干个飞翼，在指定空域进行快速对接后，连接成一个大飞翼。大飞翼规模可根据军事需要，按照人们预先选定的最佳航线在空中长期飞行，航天飞机可以在其上起飞与降落。

地球上的"航天母舰"

在地球上起飞的飞行器，要想飞到太空去，就必须想办法克服地心引力的束缚。而如果机场建在靠近赤道纬线上的话，航天飞行器的速度就会大大提高，这是因为在纬度为0的情况下，航天飞行器的速

度等于火箭发射的速度上加上地球自转的速度。

于是人们想到在赤道附近的国际海域上建造一条大吨位的可用于发射航天飞行器的军舰，实际上这就是航天母舰，这一系统包括航天母舰，专家及有关人员居住、救生用的拖船以及负责供给和护卫的船只。在地球海域上建造航天母舰，从技术和经费上都比利用航天及航空飞行器建造航天母舰要可行得多，只不过它受到地域限制不可能每个国家都能利用罢了。

25．五千万年后的生物

在人类出现在地球上之前的相当漫长的岁月里，地球上的生物发生了翻天覆地的大变化。鱼类进化为两栖动物，两栖动物又进化为爬行类动物，生物的活动范围从水中扩展到干燥的陆地。还有一些爬行类动物进化为飞鸟。由于优胜劣汰的自然规律，一些看起来弱小的生物在生存竞争中存活下来并成为自然界的霸主。曾在地球上横行了2亿年之久的恐龙，由于今天仍未完全弄清的原因突然灭绝，于是为当初在恐龙脚边战战兢兢生活的哺乳动物的兴起提供了机会。有些生物学家认为，人类就是现今地球上的恐龙，在恐龙灭绝后的6400万年里，人类繁荣昌盛起来，他们无所不在，甚至剥夺了野生动物的栖息地。

我们不妨设想，又经历了漫长的岁月，人类由于环境污染和某些原因归于灭绝，那么到那时候肯定会有另外的一些动物脱颖而出，占据人类留下的空间。科学家们认为，这些动物极有可能是杂食性啮齿动物，比如老鼠。这一景象也许会发生在5000万年之后，科学家们为我们描绘了那时的动物是什么模样，怎样生活。那时，人类已经从大

地上绝迹，地球上沙漠遍布，5000万年前森林密布的景象已不存在。这种情况持续了50万年，除了河流、海湖附近外，几乎再也见不到肥沃的土地。这是一个难于生存的环境，但是在人类灭绝之后，鼠类动物中那些适于在高温、干燥环境中生活的部分品种，开始出现在荒漠之上，并迅速繁殖起来。这些鼠类的祖先当年曾广泛分布于从热带到寒带的广阔地区，有极强的适应能力。

在人类主宰地球时期四处躲藏的袋鼠，现在也终于有了"出头之日"。它们需要的水分是从植物种子中摄取的，需水极少，它们几乎没水也能生存。对它们来说，沙漠是理想的栖息地。我们不妨称这时的袋鼠为"漠鼠"。漠鼠是夜行性动物，身体像树叶一样扁平，它用后背朝向太阳，以防身体发热。再过了若干年，又出现了一种后背皮肤像银色反光板、后脚长得出奇的漠鼠。但是遗憾的是，它们最终没有发展起来。

又过了漫长岁月，沙漠中又开始出现了植物，草原也开始出现了。在雨量充沛的地区还长出了森林。在又经历了相当漫长的岁月后，地球上又出现了草原、冻土地带、热带雨林和寒温带森林。

海洋中也出现了一些新动物。海洋是与沙漠完全不同的环境，漠鼠的后代比在草原和森林都更早地在海洋中安了家，走上了一条独特的进化道路。漠鼠曾在荒漠上繁衍一时，现在它们的子孙又称霸了海洋，变成了形形色色的海兽。其中数量多的我们称之为"鼠鲨"，因为外观像5000多万年前的鲨鱼，但却长着一条像老鼠那样的尾巴。它们体长约30厘米，专门捕食海洋中浮游生物，是海洋中的哺乳动物。由于它们是漠鼠的后代，所以它们几乎用不着饮水，浮游生物体内的水分对它们就足够了。它们的四肢已经退化，长着一根镰刀状的背鳍和一对腹鳍，在那条差不多与身体一般长的尾巴后面，长着一段弯月般的尾鳍，体形十分独特。它们在海水中能迅速游动，一次呼吸能连续潜水 4 小时。它们游动时张着嘴，鼠须演变成的捕食器能十分有效地把浮游生物送入口中。它们成群游进浮游生物密度较大的海域，大量捕食。不过它们先是把食物存在像大口袋一样的腮囊里，完成捕食后再把食物送人胃中消化。在几千只鼠鲨离去后，这片海域几乎再也见不到浮游生物的踪影了。

鼠鲨的天敌是翼鲨，因为翼鲨身体像一架滑翔机，背鳍和胸鳍又长又大像是机翼。它们能以迅猛的动作袭击和捕食鼠鲨。它的长尾和双足已演化为尾鳍和足鳍，尾鳍和足鳍交替推动就能产生很大的推进力。由于鼠鲨往往成群游动在浮游生物丰富的海面附近，所以翼鲨专门从下方攻击鼠鲨。翼鲨之所以采取这种进攻方式，还因为在海面高速游动的鼠鲨，很容易发现翼鲨巨大的背鳍，一旦发现敌人临近，鼠鲨就会四散奔逃。翼鲨游动的速度慢了或过于暴露就会饿肚子。

在进入沙漠的漠鼠后代中值得一提的是"鼠狗"。它们一窝一窝构成了一个大家族，栖息在草原中残存的沙地和荒地下的土层中。它们在地上挖了直径 30 米、深达 15 米的碗状深坑，这些深坑一个挨着一个宛如月面的环形山。这是鼠狗设下的陷阱，一旦有草食性动物失足掉进坑里，就成了鼠狗的美食，就连这时草原上个头最大、外形极像非洲象的鼠象也逃脱不了误入陷阱的噩运。鼠狗这种凶恶可怕的动物也有自己的弱点，它们怕下雨和阳光。如果阴雨绵绵，它们会冷得受不了，如果把它们置于阳光下，身体又会过热而无法生存。这种全身无毛的鼠狗只能在气温 18 ± 0.5℃ 的环境中存活。

草原中最兴旺的动物是鼠兔，它们在草原上构筑巢穴群居生活。它们饲养白蚁，筑成的穴很像地球上人类的金字塔。由于筑巢材料是比混凝土还结实的白蚁排泄物，所以鼠兔的巢穴十分坚固。鼠兔的穴深入地下，它们用钻孔器一样的前肢在地下开洞，由于巢穴可以通风换气，冬暖夏凉，所以鼠兔的生活是很舒适的。鼠兔的巢穴年年扩大，

大者高达50米，每边长达50米，几百只鼠兔在这里共同生活。但是鼠兔的天敌也很多，它们中有在空中成群翻飞，用大石头像扔炸弹那样袭击鼠兔巢穴的鼠龙。地上有伺机袭击来到草地上的鼠兔的鼠狮。还有一个天敌是鼠角兽，它们个头不大，但相当凶残。它们头顶长着像犀牛那样的角，它们用这只角撞击鼠兔的巢穴，将巢穴攻开后便捕食洞中的鼠兔，把鼠兔扫荡一空。

进入森林的漠鼠适应了林中的生活，出现了叶食性、果食性、虫食性、肉食性，个头大小不一，种类形形色色的后代，其中有色彩斑斓的，也有色彩单调的。温鼠就是其中小型、虫食性、色彩单调者的代表。它们在大树中开出迷宫般的通道，靠捕食树皮下的昆虫幼虫为生，成群栖息。它们每月繁殖一次，巢穴以大树根部为中心呈放射状，做成的"育儿室"像一个个扩散开的同心圆。一只雄温鼠常与几只雌温鼠一起生活，一只雌温鼠在生下小崽后，其它温鼠就充当了它的助手，帮它收集和搬运食物。幼鼠长得很快，一周后就可以跟着母温鼠行动了。森林中到处潜藏着危险，许多肉食性或杂食性漠鼠后代都在暗中等待捕食温鼠。温鼠巢穴露在地面的洞口，会吸引肉食性的长嘴鼠猪，而长舌鼠模又会用它锁链般的长舌卷起爬行中的温鼠吃掉。

个头中等的鼠树熊家族兴旺，它们用四肢吊在树上生活，是果食性动物。它们也有天敌，但多亏动作敏捷才得以繁衍不衰。它们面孔朝天从一根树干跳到另一根树干，一跳就是10米远。它们的天敌之一就是浑身绿色的树狗，树狗四肢及身体两侧生有皮膜，可以滑翔飞行，所以很可怕。树狗一出现，林中就会乱作一团。不过它们也有缺陷，那就是体重过大，飞不了多远就很快掉下来了，树枝也常被它们压断。

在森林动物中，个头最大的是果食性的足立鼠猩，这是森林中最先进的动物之一。它们能双足行走，有较高智能。它们平时吃野果，野果不足时也吃树叶，它们成群在森林中游动生活。由于它们体形较

大，没有什么很难对付的天敌，所以可以悠闲度日，不过它们也有烦恼，有一种与它们血缘很近的鼠猿常和它们争夺食物。这种鼠猿个头较小，经过一些年的较量。足立鼠猩终于把鼠猿从森林赶到了草原上。尽管鼠猿也喜欢吃野果，但这种遭遇迫使它们逐渐变成了肉食性动物，它们采摘坚果，捕猎足立鼠猩的幼崽，后来走上了与足立鼠猩截然不同的进化道路。

被赶到大草原的鼠猿继承了祖先的体质，在干旱的草原缺水时也能长期生活。在进入草原的同时，它们逐渐完成了双足直立行走的进化，结果前肢被解放了出来。必要时它们可以有效地运用木棍等简单器物，把它作为武器。鼠猿已有了很高的智能，它们不但能使用工具，还能想办法从鼠狗的陷阱中获取猎物。鼠猿逐渐在草原上兴旺起来，形成一个个群体。它们的身体也逐渐发生了变化，社会意识发展起来。雌雄鼠猿之间在外观上也出现了明显的差异，雌鼠猿过去只在育儿时期才隆起的乳房变得始终丰满，因为在如此辽阔的大草原上遇到一个同类，让对方首先知道自己的性别是必要的。雄鼠猿依然随时准备行动，充满好斗精神。它们也学会了微笑，使面部表情变得十分丰富。微笑可以使偶然相遇的鼠狼间的敌意一下子缓和下来，于是不再出现同类间无谓的争斗。为了让对方看清自己的微笑，鼠猿的牙齿变白了，嘴唇也变得鲜红了。

也许从这时起再过 300 万年，地球上会出现一个"鼠人"的世界，它们会发展起超过 5000 多万年前人类文明的新文明。

我们的遐想飞越了 5000 多万年，到那时地球会是什么模样呢？我们实在难以描述。不过有一个希望会是共同的，就是希望那时主宰地球的新人类会把这个星球变成一个和平、美好的世界。

26. 第三代定向能武器

微波武器，亦称电磁脉冲武器，是用强烈的微波（雷达所使用的电磁波）辐射，对目标进行杀伤破坏的一种定向能武器。

微波武器杀伤人员有两个"高招"，即"非热效应"和"热效应"杀伤。"非热效应"是指人体受到较弱微波照射后引起的心理损伤和功能减退，可使人员神经混乱、头痛、烦躁、记忆力减退。因此，用微波波束去影响飞机驾驶员和其他大威力武器操作人员，将会使其失去战斗力。"热效应"是由强微波能量照射人体引起的。强微波照射人体时，微波不仅使人体表面"变热"，还可穿透人体，使其内部"加热"。用强微波照射人体后，即使时间很短，也会导致死亡。

微波武器又是现代武器装备的克星。微波武器是通过破坏现代武器装备的电子设备而毁坏目标的。它可以使雷达、通信、导航、侦察等电子设备的电路或电子元器件过载而失效或烧毁。这种杀伤效应和核爆炸产生的电磁脉冲效应相似，因此，人们又称其为"非核爆炸电磁脉冲效应"。所以，微波武器可能会成为攻击敌方飞机、导弹、卫星、C^3I（指挥、控制、通信与情报）系统、雷达等武器装备的理想武器。又由于微波波束是以光速传播的，它反应快、速度高，还可在大气中畅行无阻，可以打击远距离目标而不需计算提前量，并能重复发射，因而使用微波武器是防空、反导弹、反卫星的理想手段。另外，微波波束在传播时，既看不到，也听不到，能够神鬼莫测隐蔽杀敌。微波武器具有极高的效率，比粒子束武器更先进，将来有可能成为理想的"第三代"定向能武器。

27. 星球大战

"星球大战"计划是美国 *1983* 年提出的一项研究多层次、多手段反弹道导弹计划，其目的是为了消除前苏联战略核导弹对美国本土的威胁。

根据设想，"星球大战"计划的核心是建立一个多层次、多手段，以天基设备为主的新型反导弹防御系统。该防御系统分为 *4* 层：第一层为助推段拦截，该段持续时间 *3 ~ 5* 分钟。此时可用空间探测器探测到导弹尾焰产生的大量红外线。担任拦截任务的是 *432* 颗反导弹 X 射线激光卫星，据说一颗卫星可摧毁 *100* 枚以上正在升空的导弹。第二层为末段助推段拦截，当导弹的最末一级助推火箭关机并脱离弹头时，导弹在向目标飞行中，仍然散发出易遭探测的大量红外线，这一段持续时间约 *8* 分钟，可以用激光武器或动能武器摧毁投放出的弹头，和尚未投放子弹头的母舱。第三层为中段拦截。从导弹投放完分导弹头，到弹头再入大气层之前，称为中段，持续时间可达 *20* 分钟。该段弹头数量很多，真假都有，拦截较难，可用动能武器（如电磁炮等）拦截。第四段为末段拦截。弹头重返大气层后；在击中目标之前，可用拦截导弹、动能武器、粒子束武器等来拦截。据说，经过这种多层次的防御拦截，总拦截效率可达 *99%* 以上。

"星球大战"是美苏争夺太空的一项战略计划，其目的是取得制空权，变消极防御为主动拦截，把战场从地面、海洋、大气层内延伸到太空。因而是一个大纵深、多层次、攻防合一的战略部署。

"星球大战"计划的实施是以各种先进的武器装备为基础的。"星球大战"中的武器装备多种多样，各有高招。其中主要有定向能武器

（如激光武器、粒子束武器等）和动能武器（如拦截导弹、电磁炮等）。

1962 年 7 月，美国在约翰斯顿岛上空爆炸了一颗氢弹，没想到给地面带来巨大影响。在距该岛几百千米远的夏威夷瓦胡岛上发生了特大的停电事故。

太空中的核爆炸可以在瞬息之间使整个世界上的通信失灵，使卫星和通信系统、电子计算机失效。

有人设想在太空大战中用核爆炸来反卫星。核爆炸产生的电磁脉冲能破坏几千千米内卫星上的电子设备，还能干扰无线电传输。但它对"敌方"和"友方"的卫星都起作用，因此不宜轻易使用。

针对美国的"星球大战"，前苏联也不甘拜下风。前苏联是世界上第一个发射地球卫星的国家。在航天活动中，前苏联创造过许多世界纪录。前苏联的激光武器和粒子束武器的研制费用，据说是美国的好几倍。许多军事家认为，在太空军事技术及星战武器方面，前苏联的发展水平和潜力足以和美国抗衡。前苏联为对付"星球大战"计划，曾拟定出许多方案。如设置"天雷"卫星破坏敌太空防御系统；用地面强激光攻击敌太空防御系统；用特殊手段（如核爆炸）破坏敌太空部署的薄弱环节，使其防不胜防；发射大量诱饵导弹，部署假导弹使敌难于防御等。前苏联科学家认为只需"星球大战"计划费用的百分之几，就能对付它。因此，"星球大战"计划的效果究竟如何，值得进一步研究。

美国"星球大战"计划一提出，立即成为国际上争论的一个热门话题，并引起了美国国内赞成派和反对派的大论战。又由于 80 年代后期，前苏联经济每况愈下，超级大国地位降低，对美国构成的核威胁减小，再加上国际国内许多人反对耗资上万亿美元的"星球大战"计划，因此 1989 年美国又提出了一个"小星球大战"计划——"智能

卵石"天基防御系统。

"智能卵石"是一种智能化、小型化的天基武器。它能自动探测数千千米外的弹道导弹，还能自动启动弹上火箭迎击目标，并有一套高功能通信设备。这种智能拦截弹总长不到 1 米，直径只有 0.3 米，总重量不足 45 千克。由于它小巧如卵石，又具智能，因此被称为"智能卵石"。用一枚"大力神"火箭可以发射 100 余枚"智能卵石"。假如用 100 枚"智能卵石"能对付 1 枚核导弹，则对付 1000 枚核导弹需要 10 万枚"智能卵石"，再加上预警、指挥和通信系统，总费用据说只有几百亿美元，只有"星球大战"计划的百分之几。"智能卵石"体积小，可大量部署，独立作战，可投放多枚诱饵，可部署在太空不同轨道上，又有较强的生存能力。

1991 年前苏联解体之后，"智能卵石"将如何发展还有待研究。由于"智能卵石"完全可以安装到核弹头、作战卫星、空间站和航天飞机上去，因此它的发展前途还是比较大的。

无论如何，发展外层空间武器，在未来战场上进行太空大战，争夺太空制高点，开辟太空新战场，已是必然趋势。

28. 太空"宾馆"

人类在地球上出差旅游，可以享受各种星级的宾馆服务。宾馆是旅游业的重要一环，宾馆也成为现代化城市的一大景观。在 21 世纪，人类将迎接太空旅游时代的到来，到那时，太空宾馆必然会应运而生。

实际上，在现今人类征服宇宙的开拓中，空间站便是未来的太空宾馆的雏形。

空间站是一种可供多名宇航员来访、工作和居住的载人航天器。

从某种意义上来说，是专供宇航员使用的太空"宾馆"。

世界第一个空间站是前苏联于 1971 年送上太空的，它的名字是"礼炮" 1 号。它由对接舱、轨道舱和服务舱 3 部分组成。对接舱专与宇宙飞船进行对接，是宇航员进出空间站的必经之路。轨道舱就类似太空"宾馆"的客房了，它由两个直径各为 3 米和 4 米的圆筒组成，舱内保持与地球相同的气候，是宇航员工作、休息、进餐和睡眠的地方。服务舱则装有发动机和燃料。"礼炮"空间站重 18 吨，长约 14 米，一般在距地球地面 200～250 千米的高空轨道上运行。

前苏联自 1971～1983 年共发射 7 个"礼炮"空间站。宇航员在这里工作最长的达 236 天。

1986 年前苏联发射了第二代空间站"和平"号。它是一种积木式结构，由多个舱段在空间对接后组成。它的对接舱有 6 个接口，可对接 6 个科学试验舱。"和平"号总重达 111 吨，是太空中的一个庞然大物。

"和平"号已具有永久性空间站的雏形。它原定工作寿命为 5 年，可现在已运行了 12 年，尽管在 1997 年曾连续出现故障，但总是有惊无险。由于它是目前在太空中唯一运行的空间站，故有点奇货可居，俄罗斯打算让它再工作几年。

"和平"号运行不久即开始商业经营。它的第一笔生意来自美国有效载荷系统公司，该公司一个微重力实验装置要在太空中停留 56 天，非"和平"号莫属。"和平"号为此赢得了一大笔收入。

1995 年 2 月，不甘寂寞的美国人用"发现"号航天飞机追上了"和平"号，进行了历史性的"握手"。美、俄两国宇航员隔窗相望，互相招手致意，最短距离只有 11 米。1997 年先后有两名美国科学家乘美国航天飞机登上"和平"号，同俄罗斯宇航员一起，进行太空科研工作。

美国第一个被送上太空的空间站叫"天空试验室"，1973年5月14日发射。"天空试验室"比"礼炮"号要大得多，也高级得多。它总长36米，重82吨。它的轨道舱分上下两层，上层为工作区，下层为生活区，生活区有卧室、餐厅、盥洗室。舱内有氧气供应，气温20℃左右。对接舱有两个接口，可同时停靠两艘飞船。"天空试验室"在太空里运行了6年，于1979年7月11日进入大气层烧毁。

为改变目前俄罗斯一家独占空间站的局面，美国又在研制第三代空间站——"自由"号。"自由"号结构独特，像一个巨大而长长的挂架，可以很方便地把工作舱、居住舱、服务舱挂起来。挂架有110米长，可根据用户要求组成不同形式的空间站。

20世纪末和21世纪初，美、俄、加、日、欧洲宇航局联合建造的永久性空间站将升上太空。

有没有真正意义上的太空宾馆建造计划呢？日本人提出了在21世纪20年代建造太空宾馆的设想：这座宾馆距地球表面450千米左右，里面高级客房、健身房、歌舞厅、酒吧间应有尽有，旅客的太空旅行以6天为一期。头两天在地球上进行有关技能的培训；第三天乘航天飞机出发，1小时后便到达太空宾馆下榻，旅客在这里住4天，可尽情享受邀游太空的美妙时光。

29. 太空农业

近年来，世界航天大国的航天业发展趋势是竞相向民用发射倾斜，国际社会在空间领域进行着更广泛的合作。过去，美国与前苏联两家的航天器互为保密封锁，而今天，美国和俄国却成为"伙伴"。对于远征火星，美俄等国科学家已考虑采取联合行动。并一再声称，空间活动将向民用部门倾斜，将转向注重开发周期短，成本低，风险小，有效益的项目。如制造卫星以及利用航天飞机为用户搭载动植物等。

当前，美国正大力开展太空植物研究。在佛罗里达州成立了肯尼迪太空研究中心后，又在北卡罗来纳州大学新近建立了引力生物学中心。科学家将开始研究适于太空旅行的植物。在远距离的太空旅行中，不仅人要适应无引力状态，而且为人提供食物和氧气的植物也是如此。他们选题研究的重点是钙如何影响植物对引力作出反应的能力。在植物对环境反应过程中，钙似乎是最重要的化学元素。研究人员将通过用基因技术让植物控制的能力发生变化，以最终开发出更加适于太空旅行的植物。肯尼迪太空研究中心的一项试验，是让一名化学家与3万株小麦共同生活15天。试验结果表明，这些小麦为人提供了维持生命所需的氧气。

目前，美、日、西欧在制定的21世纪太空计划中，将植物在密封太空舱内的生长和功能列为研究重点，并着手筹建太空农场。美国耗巨资进行太空植物的试验研究，其目的在于提示和充分证明宇宙飞船最终要成为"会飞的农场"。

国内外科学家充分利用空间的自然辐射，特别是高能粒子和微重力对植物细胞功能的协同作用，诱导细胞生理生化变化和遗传变异，从而培育出植物新品种。实验证明，太空飞行可使许多植物细胞的染色体畸变率提高，通过空间诱变处理，能够选育出优良的新品种。

太空育种始于1984年，美国航空航天局教育处、太阳辐射研究中心和Park种子公司三方合作，将大量番茄种子运入太空长期飞行器中，1990年由"哥伦比亚号"航天飞机取回。结果表明，这些种子发芽快、幼苗生长正常、后期发育良好、果实丰硕。据悉中国科学院上海植物生理研究所，1995年收割的第4代"太空小麦"和其他良种一样，金黄色的麦穗上结满了饱满的籽粒。与第3代"太空小麦"相

比，它的长势更旺，麦穗更长，结穗更多，麦粒硕大壮实，并有较强的抗赤霉病能力。经测算，亩产可达 352 千克，比未经太空飞行的多 28 千克，蛋白质含量高出 9%。浙江农科院的专家，历时 3 年，选育成的"航育 1 号"水稻新品系，单株理论产量从 22.4 克增加到 32.8 克，亩产由原来的 400 千克上升到 600 千克左右，增产幅度为 40% 以上，而且抗倒伏，早熟高产，穗大粒多，精米率高，适口性好。新品种生长期缩短约 15 天，株高降低约 14 厘米，并有抗稻瘟病和白叶枯病等优越性。

利用太空所特有的条件，改良植物品种前景广阔，并为加快培育优质高产农作物品种开辟了崭新的途径，也为科学家深入研究提出了新课题。

国内外的太空试验证明，对太空农业来说，与地球上的无土栽培大不一样，植物不能以水滴的形式吸收水分或养分。在失重或仅有一点离心模拟重力的情况下，为防止液体流失，水分必须具备水膜的形态才能被植物吸收。

在太空的特有条件下，筛选何种植物作为它的"宠儿"呢？目前，美国和日本的科学家正在联合攻关，拟将甘薯作为未来的太空作物，种在航天器中，供宇航员食用。甘薯之所以得此宠幸，是因为它营养丰富，含有多种人体需要的营养物质。经测定，每 500 克甘薯约产生热能 635 千卡，含蛋白质 11.5 克，糖 14.5 克，脂肪 1 克，磷 100 毫克，钙 90 毫克，铁 2 毫克，胡萝卜素 0.5 毫克，还含有维生素 B_1、B_2、C 等。有很高的药用价值，对于防止便秘和直肠病大有裨益。还含有类似雌性激素的物质，对于保护皮肤、延缓衰老极有利，并能提高免疫力，促进胆固醇排泄，维护动脉血管的弹性。最近，美国生物学家发现，甘薯中富有的一种化学物质可用来预防结肠癌和乳腺癌。日本癌症预防研究所对 26 万人的饮食生活与癌的关系进行了调查，发

现熟、生甘薯对癌的抑制率分别为98.7%和94.4%，高居于蔬菜抗癌之首，超过了人参的抗癌功能。另外，甘薯适应性强，易栽易活，产量高，只需一小段蔓茎，一小块切片，甚至一片萝叶，就能生根成活。种植在航天器内既能补充舱内氧气，形成一个小小的生态循环密闭环境，还能作为宇航员的新鲜食品。

目前，美国航空航天局科学家在佛罗里达州肯尼迪太空研究中心的特殊实验室里，采用液体栽培法，在全封闭的环境下进行土豆生长情况的试验。结果表明，这项试验中的土豆植株产生的氧气足够一名宇航员使用。土豆和甘薯一样还可以为宇航员提供食物和能量。科学家还收集了土豆叶子排出的"纯水"。用它制成饮用水可供4个人食用。

科学家们期望，关于植物对人的基本生命维持系统的研究将会使人类登上火星变成现实。火星之旅预计需要3年时间的长途飞行，但只要种植面积足够，并种上甘薯和土豆等作物，宇航员就可以在飞行中无饥渴之忧而长期生存。

30. 去火星旅游

美国计划在未来10年内陆续发射10艘探测飞船，以探索生命是否存活于火星。

人类第一次飞临火星是1965年7月15日，美国发射的"水手"4号探测器在距火星9280千米处观测了火星，发回了23张火星照片。1971和1975年，前苏联和美国发射的火星探测器分别在火星表面软着陆，对火星土壤进行化验，进行生命科学实验，至此蒙在火星上的面纱才逐步被揭开。

火星，我国古代称之为"荧惑"，是因为它像是红红的火焰，亮度变幻无常，令人迷惑而得名。现在我们知道，火星与地球的距离大约3.7亿千米，是地球到月球距离的1000倍；火星比地球小，赤道半径约为地球的一半，质量为地球的1/10多一点儿；火星围绕太阳转一圈需687天，自转一周为24小时37分，昼夜交替与地球很相近；火星有四季，只不过每季长达6个月；火星上的大气相当稀薄，主要成分是二氧化碳；火星上的表面温度白天为28℃，夜间则为－132℃；火星表面是冰冻的，没有水。在这样的环境中"火星人"似乎是不可能生存的。但是比起其他星球来，火星更接近于地球，更适合于人类居住和旅游。

地球与火星相距如此遥远，如何解决两者间的星际交通呢？科学家们设想过一种接力式的方案：转乘几次航天器，主要原因是一次直达不可能携带足够的燃料。大体设想是：在地球与火星之间的宇宙空间建立3个空间站，即近地轨道空间站、地球与火星之间的自由点空间站和火星轨道空间站。这3个空间站既是转运站，又能补充燃料。其交通线将是这样的：从地球上乘航天飞机到第一站——近地轨道空间站，换乘转运飞船到第二站——自由点空间站，在这里补充燃料后再起飞与巡天飞船对接。这种巡天飞船使用核动力，在固定的轨道上航行，当巡天飞船载着转运飞船接近火星时，转运飞船脱离巡天飞船飞向第三站——火星空间站。到此站后再换乘火星登陆器在火星上降落，从而实现登陆火星。由此可见，到火星去旅行要比登月复杂得多，费时又需大量资金。

有趣的是，也许是天造地设，火星有两颗卫星围着它转。"火卫一"直径20千米，绕一周需8小时；"火卫二"直径11千米，绕一圈需30小时。这两颗卫星都有大气层，而且引力小，所以转运飞船到此不须着陆，只要对接。这两颗小卫星是天然的空间站，人类可以在此

建造营地。

美国科学家提出了一个名叫"卢易斯太空移民点"的向火星移民的计划，其设想是：向火星派遣一艘巨大的太空船，里面要容纳 1 万人，这艘太空船不降落于火星表面，而是悬挂于火星上空。太空船携带多种地球生物，它将依靠在太空中循环利用的能源来保持运行，并可以在火星就地取材。太空船装备了成千上万块太阳能电池板，充分利用太阳的照射来产生能源。

在 21 世纪的前些年，有可能将火星住宅和器材送上火星，之后就可能将宇航员送上火星了。但是地球与火星路途遥远，行程需半年以上，太空的寂寞又是一项难题。不过人类总是有办法克服这些障碍的，在 21 世纪，到火星去旅游终将会成为现实。

31. 全球一网

在前几年，因特网对中国老百姓来说，还是相当陌生的。可 1995 年，新闻媒体的两则报道却使它名声大振。于是，越来越多的人们想了解这个神奇的网络，并进而想和它交朋友。

两则消息都与求医有关。一则消息是说山东有一位 13 岁的小姑娘杨晓霞得了一种怪病；一时找不到能医治这种病的人。为广泛寻求国际医学界的支持，北京某医院通过因特网向全世界发出了呼吁。结果，很快就收到了许多国家医学专家的治疗方案，控制了晓霞的病情。另一则消息报道了北大学生为挽救一个得了一种罕见疾病的清华大学学生，通过因特网向国际求援获得成功的消息。

那么，什么是"因特网"呢？简单地说，它是将分散在世界许许多多地方的计算机网络连接在一起，使得每个网络上的任何一个用户都可以通过这个"网中之王"与别的网上的用户建立联系，或从网上获得各种各样的服务。

因特网能为人们提供的服务很多，电子邮件、远程登录和文件传输是它的三个基本服务项目。电子邮件是计算机通过因特网传递文字信息的现代化手段。你可以通过这项业务与连接到网上的任何一个用户交换信息。通过因特网传递的邮件不仅比传统的邮件寄递快得多，而且还要便宜得多。它有取代目前"传真"功能的趋势。远程登录服务可以使网上的用户能充分地、随心所欲地利用网上对外开放的数据库资源，例如，可以从科技数据库里获取所需要的数据和资料；可以从有关社会科学和文学艺术的数据库里获取你所需要的信息等等。文件传输服务是在网上用户之间进行包括声音、图像和数据在内的多媒体文件的传输。此外，还有电子布告牌服务和电子论坛服务等。它们使得世界各地某一领域的同行和爱好者，可以通过这个网开展各种各样的专题讨论，寻求广泛的支持。据报道，美国有许多学生已将因特网作为求职的一个重要工具；有的还通过网络调用各种软件玩游戏，养成了"网瘾"。

因特网的前身是美国国防部 1969 年建成的一个实验网。它逐渐演变、发展，成为世界性的大型网络。不管在哪个国家，用户只要连接到这个网络上，都可以共享这个网络的资源。正是由于这个原因，有人把它称作"网络世界的'世界语'"。至 1998 年底统计，全球 1 亿台计算机上网人数约 1.47 亿人，中国网民达 210 万人。

接入因特网的方式很多，可以直接接入，也可以通过拨号的方式"拨入连接"。

因特网被认为是未来信息高速公路的雏形，是人类进入信息时代的前奏。现在，计算机的芯片正以每 18 个月功率增大 1 倍、价格降低一半的趋势发展。可以想见，随着时间的推移，人们进入并使用这个网的费用会逐渐降低，因特网最终将走入寻常百姓之家。

32. 未来"信息手表"

进入信息时代，手表不再只是计时工具，而成为一表多能的信息媒体。一系列可与计算机和电话联网远距离联系的手表也将上市。

德国最近就向市场上推出了一种电脑手表。据称，这种电脑手表能帮助用户记忆信用卡和支票的密码，提醒用户的生日，或发出警告："银行账户上存款已经不多"。这种新式手表上安装有一个光电二极管，能同计算机进行信息交流。

美国泰梅克斯制表公司与世界上最大的软件公司——微软公司也达成了合作协议，并已开发出一种新型手表，只需简单地把它对准计算机屏幕就能与微机联系。数据显示在与表盘合成一体的液晶显示器上。使用这种手表的用户可在他们的微机上输入和编辑数据，并在屏幕上选择信息，然后将手表盘在 15 至 30 厘米距离内对准屏幕，信息就可载入表内。手表的主人能把当天的日程安排、生日、备忘录电话、传真编码清单输入表内，还可调整时间和设置闹钟。装在表内的夜光灯可在光线较弱的情况下或夜间用于照明。

科学家们预测，今后的手表还将向多功能化的方向发展。荷兰的飞利浦公司眼下正在研制一种具有电视、移动电话功能的手表，人们戴上这种手表就等于随身携带了一台多媒体计算机。据英国《星期日泰晤士报》的报道说，飞利浦公司研制的这种新型手表，代表了世界上许多高级实验室正在研制的一种新技术，这种新技术可使手表的主人随时与未来的信息高速公路相联，随时与别人通话，接收电视节目等。研制这种手表的技术专家透露，目前这种技术的难关是研制出功能更多的芯片和使用时间足够长的微型电池。

　　未来新式的手表将能通过调整无线数据网接收最新的重要新闻、体育比赛和金融信息。美国的数字广播公司现在也开始研制调频接收机模块及无线系统。日本的精工公司更是抢先一步，已于 1994 年底推出了"信息手表"，它巧妙地将寻呼机和调频收音机合二为一。据精工公司的负责人介绍，这种"信息手表"所需电池的使用寿命可达 18个月，另外每月再交纳 2.5 美元的新闻服务费和 9 美元的寻呼服务费。

　　令人感叹的是，精工"信息手表"是精工公司首先在美国推出使用的，它的调频服务范围也只限于洛杉矶地区，但其覆盖范围将能延至圣迭戈和拉斯维加斯。而且其调频广播系统采用了几个电台空余的波段发送信息。

　　就目前来看，"信息手表"还仅仅是个新生事物。但专家们预言："信息手表"的出现和普及是信息社会发展的必然，随着信息社会的发展和需求，还将会有更多的形式多样的"信息手表"出现，这些"信息手表"将会更好地造福人类，服务社会。

33. 进入"梦的世界"

　　现代的科学技术不仅使我们变得耳聪目明，对外部世界一览无遗，而且还能模拟各种各样的环境，使你置身其中，如同生活在一个真实的世界里一样。

　　所谓"虚拟现实"，就是运用计算机技术，在人们眼前生成一个虚拟环境，使人感到像是真实存在，并置身其中。虚拟的环境可以是客观世界里存在的，也可以是根本不存在的东西。

　　虚拟现实技术最早应用于为培训飞行员而设计的飞行模拟器。这种飞行模拟器利用数字图像处理技术，把侦察到的敌方阵地的二维摄影图像转换成三维图像，使飞行员如同身临其境，进行对敌方阵地的轰炸演习。

目前，虚拟现实技术已广泛应用于医学、建筑工程学以及军事等诸多领域，甚至被用于商品的销售。

例如，日本一家公司为了推销它的产品，推出了"虚拟厨房"。客户只要头戴一种特殊的显示器，手着一副数据手套，便有置身于厨房之中的感觉。你可以在厨房中来回走动；可以开一开厨房的门和抽屉，使用一下你所选购的各种厨房用具，看是否称心如意。显然，在这模拟现实的虚拟环境中选择商品，比在货架上选择要方便得多了。

虚拟现实技术是集模拟技术、传感技术、显示技术、计算机技术等现代科学技术于一身的高技术。利用计算机图像技术，既可以模拟如上面所讲的厨房用品一类的实物，也可以把凭空想像出来的东西变成栩栩如生，可以看到、听到的音像作品。例如，可模拟海底龙宫，使人置身于虾兵蟹将之中；还可以模拟客观上存在，但平常人们无法感觉或接触到的东西，如原子世界所发生的一切。十分难得的是，虚拟现实技术所模拟的环境不是"死"的，而会随着人的反应不同而出现不同的情景。

要领略虚拟世界的风光，需要头戴显示器，手着数据手套，身穿数据服。数据手套外形很像普通的橡皮手套，但在它上面却暗藏了许多传感器。通过这些传感器把手部运动的数据传给计算机，在计算机的显示器上便会出现三维的虚拟手；同样道理，布满传感器的数据服也能把人的体形显示出来。人一动，屏幕上的图像也跟着动了起来。

34. 个人通信系统

社会经济发展之后，人的流动性增加了。移动电话、BP 机以及几代无绳电话的出现，都在一定程度上迎合了这样一种需要。可是，这些通信工具能够起作用的范围却是十分有限的，它离人类通信的理想境界还有一段相当大的距离。

什么是人类通信的理想境界呢？那就是不论什么人，也不论他在何处，都能在任何一个时刻与地球上任何一个其他个人，以任何一种形式建立通信联系。这也就是所谓的"全球个人通信"的概念。

要实现全球个人通信，首先需要一个能覆盖全球，没有任何"死角"的现代化通信网。这个网要有能自动且十分迅速地寻找并跟踪每一个行踪不定的用户的本领。此外，还要求有十分轻便、小巧和能移动的电话机、传真机、数据终端机等通信终端设备。

目前，国际上的许多财团都在参与开发全球个人通信系统的角逐。正在开发的系统中，美国摩托罗拉公司的"铱系统"尤其引人注目。

"铱系统"实际上是一个低轨道全球卫星移动通信网。卫星"星座"是由 66 颗运行在 780 千米上空的低轨道卫星组成的。这 66 颗直径约 1 米的小卫星分布在 6 条椭圆形轨道上，每条轨道上有 11 颗。这些卫星发射出来的无线电波束，覆盖了整个地球。当系统中的任何一部电话启动时，与该电话机最近的一颗卫星和"铱星网络"便会自动核实该机账号及其所在方位。然后，用户可以选择利用蜂窝通信系统或卫星中转与接力系统，把信息传送到目的地。利用微波，信息在 66 颗卫星之间接力传输，其往返穿梭，与运动员的接力赛跑十分相似。在地面上，一种叫"关口站"的地球站将"铱系统"与地面的公用电

话网连接起来，它使得地面上的任何一部电话机、传真机、寻呼机和数据终端机，都能通过"铱系统"与别的通信终端机建立起通信联系。

为了进行全球个人通信，每一个用户都有一个唯一的、属于他自己的"个人号码"。预计到 2001 年，持有个人号码，加入"铱系统"行列的用户可达 180 万户之多。如果加上其他类似系统的用户，全球个人通信将会有相当大的规模。

"海内存知己，天涯若比邻"这一人类多年来美好的憧憬，不久将会变成为科学的现实！

35. 未来信息战争

根据美国空军的估算，摧毁一个目标：在第二次世界大战中需要 9000 枚炸弹；在越南战争中下降为 300 枚；而在海湾战争中使用的精确制导弹头，只需 2 枚。正如美军的一位高级将领所说："从来没有哪个指挥官像我们的战场指挥官那样全面而完整地了解其对手。"这充分说明，海湾战争的硝烟，已经向世界展现出了未来信息战争的一些端倪。

信息战是在战争中大量使用信息技术和信息武器的基础上，构成信息网络化的战场，进行全时空信息较量的一种战争形态。

网络化的信息侦察监视系统，使未来战场变得"透明"，几乎难有藏身之地。侦察卫星系统、机载舰载情报系统、地面通信情报系统和夜视侦察系统，将构成全方位全天候的侦察监控。这些"千里眼"、"顺风耳"将敌方的一举一动及战场变化，及时、迅速、准确地反馈到信息处理指挥中心，为指挥员决策提供可靠的依据。海湾战争中，

美国调用了 6 颗正在运行的卫星，专门发射了 3 颗可透过云雾和夜幕进行观察的成像卫星以获取情报；13 架预警飞机及多种遥控侦察机、60 个地面情报站和舰载情报系统，日夜监视伊拉克的信号和军队行动；侦察机的夜视热成像仪在 20 千米高空可清晰地观察人群和车辆的行动。

这还不算，信息技术还将主导未来战争的武器装备系统。将小小的芯片嵌入武器装备系统，使它们长上眼睛，形成各种智能化的武器和精确制导弹头，将极大地提高精确度和杀伤能力，使作战效能成倍增长。海湾战争中，美军从千里之外发射的"战斧"巡航导弹，直接攻击伊拉克战略纵深目标，命中率达 90% 以上。在攻击某电站时，曾出现了第二枚导弹不偏不倚地从第一枚导弹炸开的弹洞穿入的奇迹。

美国的军事专家认为，由情报、通信、指挥、控制和计算机构成的信息网络系统，将左右战场态势。这个系统将侦察监视系统、信息武器系统、各参战部队乃至每个单兵及后勤保障系统联为一体，从而使陆、海、空、天、电五位一体协调行动，对变化莫测的战场实施控制指挥。作为战场"神经系统"的信息网络，既能有效控制"硬杀伤"，也是双方进行"软杀伤"的隐蔽战场，如计算机病毒、点穴攻击战、信息截取战、信息置换战等。海湾战争中，美国间谍把一套带有病毒的计算机芯片换装到伊军从法国买进的用于防空系统的电脑打印机里，以此将病毒侵入伊防空指挥中心主计算机，使整个防空系统陷于瘫痪。前不久，美国海军进行了一次别开生面的演习：一名年轻军官在几十个专家的众目睽睽之下，用一台市面上销售的普通计算机，仅花费了 2 小时，就打进了美国海军指挥网络，并成功地夺取了参加演习舰队司令的指挥权。这说明未来战争中，这种信息网络系统既神通广大，又易遭到攻击。

英国电信公司一位电脑操作员，借助于公司职员提供的电脑密码

"闯入"公司内部的数据库，从而获得了英国政府防务机构和反间谍机构的电话号码和地址。

被窃走的机密还包括英国情报机构、政府的核地下掩体、军事指挥部以及控制中心的电话号码。这些极为机密的电话号码原本输入一个秘密的民事防务电话网络里。同时泄密的还包括英国的情报机关军情 5 处和军情 6 处的电话号码，英国导弹基地和军事指挥中心以及一些高级军事指挥官的详情，还有英格兰北部一个美国通讯中心的详情。他还掌握了当时英国首相梅杰的住处，白金汉宫的私人电话号码。设在威尔特郡的核地下掩体是核战时英国政府的所在地，此次也被暴露。

这位电脑操作员通过全球电脑网络即"交互网络"，又把这些机密传输给苏格兰的一位新闻记者。"交互网络"仍有大约 2500 万个用户，他们只需花费打一次电话的钱，就可以从网络里获得这些机密。

或许这位操作员出于一种好奇心理，或许完全是一种随意，但他的"闯入"震动了全英国，让英国的情报机构惶惶不可终日。

另外，应用信息技术装备起来的数字化部队也将成为未来战场的主角。1995 年以前美军已组建了一个数字化营，按计划到 1996 年底再建成一个数字化旅，到 2010 年将实现陆军全部数字化。数字化部队由全球定位系统将武器系统、各种车辆飞机的引导系统、作战信息网络系统和戴有微型计算机屏幕头盔的每个士兵连接起来，指挥员坐在指挥车的计算机终端前，通过屏幕了解战场情况，直接实施指挥。数字化部队反应灵敏，机动迅速，协同周密，打击力极强，往往以极少量部队，达成最大战争目的。据美军于 1994 年 4 月 10 日 – 23 日进行的"沙漠铁锤计划"实兵对抗演习得出的结论："数字化部队拥有三倍于常规部队的潜力。"

多媒体技术、人工智能技术、仿真技术和控制理论的发展，将出现完全模拟炮火连天战场情景的虚拟战争。这既可以在战前进行战争

的反复预演，以修订作战方案，检验作战理论、武器装备性能和编制体制，又能够对部队进行模拟仿真训练，使部队在近似实战的情景下得到锻炼。

军事家预言，未来的信息战争必将促使军事领域发生深刻的变革。